W0330786

DIE SCHÖNSTEN

MOTORRAD TOUREN

DER STEIERMARK

ALEXANDER FUCHS

DIE SCHÖNSTEN MOTORRAD TOUREN DER STEIERMARK

styria regional

SAND u. SCHOTTER
ERDBEWEGUNGEN

INHALT

VORWORT

Das „grüne Herz Österreichs“, wie das Bundesland Steiermark zu Recht genannt wird, ist schon ein besonders schönes Fleckchen auf unserer Erde. Vor allem für uns Motorradfahrer sind die Schönheit der Natur und der Abwechslungsreichtum der Landschaft ein besonderes Erlebnis, denn sie bescheren uns einzigartige Eindrücke. Egal, ob man durch die imposante Bergwelt in der Obersteiermark, das dicht bewaldete Hügelland in der Oststeiermark oder die verträumten Weingärten in der Süd- bzw. Weststeiermark fährt: Hier ist bestimmt für jeden das Richtige dabei.
Mit diesem Buch bringe ich Ihnen dieses wunderschöne Bundesland und die angrenzenden Regionen in 11 individuellen Tagestouren näher. Ein kleiner Abstecher in die Landeshauptstadt Graz sowie viele praktische Informationen zu Land und Leuten, kulinarischen Spezialitäten und Geschichte dürfen natürlich nicht fehlen. Am Beginn jeder Tour finden Sie eine Übersichtskarte sowie alle wichtigen Tourinfos auf einen Blick.

Viel Vergnügen!

Alexander Fuchs

Alexander Fuchs, *geboren 1984 in Fürstenfeld, lebt in Bad Blumau, im Herzen des steirischen Thermenlandes. Zur größten Leidenschaft des gelernten Elektrikers gehören Reisen durch Europa, natürlich mit seinem Motorrad.*

DIE STEIERMARK IM ÜBERBLICK

Zahlen & Fakten

Das Bundesland Steiermark ist mit einer Fläche von ca. 16.400 km² das zweitgrößte der neun Bundesländer Österreichs. Es wird in vier Regionen – die **Obersteiermark**, die **Weststeiermark**, die **Oststeiermark** und die **Südsteiermark** – sowie in eine Statutarstadt und zwölf politische Bezirke gegliedert. Landeshauptstadt und somit das wirtschaftliche und kulturelle Zentrum des Landes ist **Graz**. Von den ca. 8,5 Millionen Einwohnern Österreichs leben 1,2 Millionen in der Steiermark, 270.000 davon in der Landeshauptstadt.
Als „grünes Herz Österreichs" wird die Steiermark aus gutem Grund bezeichnet, denn rund 61% der Bodenfläche sind bewaldet und weitere 25% sind grüne Wiesen- und Weideflächen sowie Obst- und Weingärten. Die landschaftliche Vielfalt der Steiermark ist beeindruckend. Gletscher, Berge, Almen, Hügel und verschiedenste Gewässer sowie landwirtschaftliche Nutzflächen prägen das ganze Land. Insgesamt **sieben Naturparks und ein Nationalpark** sollen die verschiedensten Naturschönheiten präsentieren und natürlich schützen. 788 Gipfel über 2.000 m erheben sich in der Steiermark. Der höchste Punkt ist der **Dachstein** in der Obersteiermark mit 2.995 m ü. A. (Meter über Adria), die tiefste Stelle liegt in der Südsteiermark mit 199 m. Der bekannteste Fluss ist die **Mur**. Sie entspringt im Salzburger Lungau und überquert in Predlitz (westliche Obersteiermark) die Landesgrenze zur Steiermark. Um die 290 km fließt die **Mur** quer durch das Land, bevor sie in der Südsteiermark, bei Bad Radkersburg, die Grenze zu Slowenien passiert. Zahlreiche Seen verteilen sich über das ganze Land und sorgen im Sommer für Badespaß und Abkühlung. Der **Grundlsee** im Steirischen Salzkammergut ist mit 4,3 km² der größte See.

Geschichte

Die Steiermark hat eine lange und bewegte Geschichte zu erzählen, denn die Spuren menschlicher Besiedelung auf dem Gebiet der heutigen Steiermark gehen bis in die Altsteinzeit (ca. 100.000 v. Chr.) zurück. Das Gebiet der Steiermark war aufgrund seiner strategisch wichtigen Lage immer wieder begehrt und umkämpft. Viele Völker und Kulturen prägten das Land und ihre Geschichte. Kelten, Römer, Slawen, Franken, asiatische Steppenvölker, Ungarn, Böhmen und die Habsburger besiedelten, beherrschten und regierten das Land. Die Habsburger herrschten zwischen 1278 und 1918 in der Steiermark. Das Ende des Ersten Weltkrieges (1914–1918) war gleichzeitig der Untergang der Habsburgermonarchie. Die Erste Republik (1918–1938) wurde gegründet und die Steiermark eines ihrer Bundesländer. Mit der Unterzeichnung des Friedensvertrags von Saint-Germain am 10. September

1919 wurden auch die neuen Grenzen im Süden der Steiermark festgelegt. Die bisherige Untersteiermark mit einer Fläche von 6.050 km^2 zwischen der unteren Mur und der oberen Save wurde Slowenien zugesprochen.

Am 12. März 1938 marschierte Adolf Hitler mit seinen Truppen in Österreich ein und verkündete den „Anschluss" Österreichs und somit auch der Steiermark an das Deutsche Reich. Der Zweite Weltkrieg (1939–1945) begann

am 1. September 1939 mit dem deutschen Überfall auf Polen. Die Steiermark war immer wieder Ziel von Luftangriffen der Alliierten, v. a. die Städte Graz, Knittelfeld, Zeltweg, Kapfenberg, Judenburg und Bruck a. d. M. wurden bombardiert. Die Zerstörung der Infrastruktur und das Leid in der Bevölkerung nahmen mit Fortdauer des Krieges zu. Im April 1945 erreichte die Rote Armee die Oststeiermark, heftige Kämpfe an mehreren Fronten waren die Folge. Am 8. Mai 1945 kapitulierte das Deutsche Reich, der Krieg in Europa war zu Ende. Die Besetzung von Österreich (1945–1955) durch die alliierten Streitkräfte Sowjetunion, Großbritannien, Frankreich und den USA und der Wiederaufbau begannen. Die Steiermark wurde nach Vereinbarung der vier Besatzungsmächte zehn Jahre lang von den Briten besetzt.

Am 15. Mai 1955 wurde von der Republik Österreich und den vier Besatzungsmächten der Österreichische Staatsvertrag unterzeichnet, damit erlangte Österreich wieder volle Souveränität und verpflichtete sich zu immerwährender Neutralität. Im September 1955 verließen die letzten britischen Besatzungssoldaten die Steiermark. Der wirtschaftliche Aufschwung im Land begann, der Wohlstand der Bevölkerung wuchs.

Wirtschaft

Das wichtigste wirtschaftliche Standbein, zugleich der größte Arbeitgeber in der Steiermark, ist die Industrie. Produziert wird v. a. in der Eisen-, Stahl-, Papier- und Holzindustrie sowie im Maschinen- und Fahrzeugbau. Aber auch die Unternehmen in der Umwelttechnik und im Bereich der erneuerbaren Energie sind unverzichtbare Bestandteile der steirischen Wirtschaft.

Einen ausgesprochen hohen Stellenwert hat der Tourismus. Besonders die Wintersportgebiete in der Obersteiermark, die Thermenregion im oststeirischen Hügelland und die Stadt Graz sorgen für stetig steigende Nächtigungszahlen im Fremdenverkehr.

Eine ebenso wichtige Rolle spielen die landwirtschaftlichen Betriebe im ganzen Land. Die qualitativ hochwertigen Erzeugnisse aus Ackerbau, Obstbau, Forstwirtschaft und Viehzucht sind nicht nur in Österreich, sondern auf der ganzen Welt gefragt.

Wetter

Das Klima in der Steiermark zählt zum europäischen Übergangsklima. Im gebirgigen Norden herrschen alpine, im hügeligen Südosten milde pannonische Einflüsse. **Motorrad-Reisezeit** ist von April bis Oktober, in den Monaten April, Mai, September und Oktober kann es v. a. in der Früh noch empfindlich kühl sein.

Beliebte Sehenswürdigkeiten

- Grazer Schlossberg, www.graztourismus.at (➤ Graz, die Landeshauptstadt)
- Universalmuseum Joanneum, Graz (Schloss Eggenberg, Joanneumsviertel, Kunsthaus Graz usw.), www.museum-joanneum.at (➤ Graz, die Landeshauptstadt)
- Dachstein (Sky Walk, Eispalast, Hängebrücke, Treppe ins Nichts), www.derdachstein.at (➤ Tour 1)
- Benediktinerstift Admont (Kirche, Bibliothek, Museum), www.stiftadmont.at (➤ Tour 2)
- Riegersburg & Greifvogelwarte, www.riegersburg.com (➤ Tour 7)
- Schokoladenmanufaktur Zotter, Riegersburg, www.zotter.at (➤ Tour 7)
- Tierwelt Herberstein, Stubenberg am See, www.tierwelt-herberstein.at (➤ Tour 7)
- Stubenbergsee, www.stubenberg.at (➤ Tour 7)
- Wallfahrtskirche Pöllauberg, Schloss & Kirche Pöllau, Naturpark Pöllauer Tal, www.naturpark-poellauertal.at (➤ Touren 7, 8)
- Basilika Mariazell, www.basilika-mariazell.at (➤ Touren 10, 11)

Essen & Trinken

Die Gastronomie in der Steiermark hat einen sehr hohen Stellenwert. Haubenlokale, Restaurants, gemütliche Gasthäuser und Buschenschenken sorgen für Geschmacksvielfalt und Gaumenfreuden. Die **traditionelle steirische Küche** ist von bäuerlicher, bodenständiger Hausmannskost geprägt. Spezialitäten wie Heidensterz, Schmarrn, Steirisches Wurzelfleisch, Backhendl, Apfelkren, Käferbohnensalat und verschiedenste Kürbisgerichte sind typische Gerichte und auf traditionsbewussten Speisekarten zu finden.
Markenzeichen der heimischen Gastronomie ist das steirische **Kürbiskernöl.** Es wird für Salate, kalte Gerichte und zum Verfeinern von Suppen und Desserts verwendet. Zum Nachtisch gibt es Apfelstrudel oder Apfeltiramisu. Dazu trinkt man Fruchtsäfte aus heimischen Obstgärten, ein Achterl Rot-, Weiß- bzw. Schilcherwein von regionalen Weinbauern oder ein gepflegtes Bier von traditionellen steirischen Brauereien.

Viele Vorteile: Steiermark-Card & Co.

Ein guter Tipp für Sehenswürdigkeiten-Bummler und begeisterte Ausflügler ist die Steiermark-Card (www.steiermark-card.net). Einmal bei einer Verkaufsstelle oder im Internet erworben (für Erwachsene ab 59 €), gilt sie als Eintrittskarte für rund 120 Ausflugsziele in der gesamten Steiermark. Ob man nun einen Badesee besuchen, ein Museum besichtigen oder mit einer Bergbahn hoch hinauswill, als Ticket gilt die grüne Steiermark-Card.
Daneben gibt es zahlreiche **regionale Vorteilskarten**, mit denen Eintritte/Fahrten vergünstigt sind. Häufig sind diese bei Übernachtungen in heimischen Betrieben inkludiert.

- Sommercard (Schladming-Dachstein), www.sommercard.info
- GenussCard (Thermenland Steiermark, Oststeiermark), www.genusscard.at
- MurtalCard, www.murtalcard.at
- Hochsteirische Gästekarte, www.hochsteiermark.at
- Salzkammergut Erlebnis-Card, www.salzkammergut.at
- Graz-3-Tages-Ticket, www.holding-graz.at

Geld & Zahlungsmittel

Österreich ist Mitglied der Euro-Währungszone. Geldwechsel ist in Banken, Postämtern und in Wechselstuben an Flughäfen, Bahnhöfen oder in größeren Städten möglich. Bargeldbehebungen sind an EC-Geldautomaten täglich rund um die Uhr durchführbar. Die gängigsten Kreditkarten, wie z. B. American Express, MasterCard, Diners Club und Visa, werden in den meisten Hotels, Restaurants, Tankstellen und Geschäften akzeptiert.

Gesundheit & Apotheken

Die medizinische Versorgung durch Krankenhäuser, Arztpraxen und Apotheken ist österreichweit flächendeckend gegeben. Apotheken sorgen mit abwechselnden Nacht- und Wochenenddiensten für die durchgehende Versorgung mit Medikamenten.

Apotheken-Notruf: 1455

Mit der Europäischen Krankenversicherungskarte (EKVK), integriert in die gewöhnlichen Versicherungskarten (Österreich = e-card, Deutschland = eGK, Schweiz = KVG), ist der Anspruch auf medizinisch notwendige Leistungen zu den üblichen Bedingungen und Kosten in Österreich garantiert. Zu empfehlen ist eine zusätzliche Reiseversicherung mit Rücktransport.

Gesetzliche Feiertage

Neujahr (1. Jänner), Heilige Drei Könige (6. Jänner), Ostermontag, Staatsfeiertag (1. Mai), Christi Himmelfahrt, Pfingstmontag, Fronleichnam, Mariä Himmelfahrt (15. August), Nationalfeiertag (26. Oktober), Allerheiligen (1. November), Mariä Empfängnis (8. Dezember), Christtag (25. Dezember), Stefanitag (26. Dezember).

Botschaften & Konsulate

Botschaft der Bundesrepublik Deutschland
Gauermanngasse 2–4
1010 Wien
Tel.: +43 (0)1/711 54-0
www.wien.diplo.de

Honorarkonsulat der Bundesrepublik Deutschland
Statteggerstraße 18
8045 Graz
Tel.: +43 (0)316/69 49 70

Schweizerische Botschaft
Kärntner Ring 12
1010 Wien
Tel.: +43 (0)1/795 05
www.schweizerbotschaft.at

Honorarkonsulat der Schweizerischen Eidgenossenschaft
Hamerlinggasse 8
8010 Graz
Tel.: +43 (0)316/803 03 88 02

UNTERWEGS MIT DEM MOTORRAD

Anreise

Aus Deutschland, der Schweiz und aus Westösterreich empfiehlt sich die Anreise über die Tauernautobahn (A10) Salzburg – Altenmarkt/Pongau und weiter Richtung Schladming oder über die Westautobahn (A1) Salzburg – Voralpenkreuz und weiter auf der Pyhrnautobahn (A9) Richtung Graz. Die Südautobahn (A2) ist die schnellste Möglichkeit, die Steiermark vom Süden bzw. von Ostösterreich aus zu erreichen. Außerdem bieten die ÖBB einen Autoreisezug zwischen Feldkirch (Vorarlberg) und Graz an.

Einreise & Zoll

Da Österreich und alle angrenzenden Länder dem Schengen-Raum angehören, gibt es an den Staatsgrenzen keine Passkontrollen mehr. Es muss trotzdem ein gültiges Reisedokument, Reisepass oder Personalausweis, mitgeführt werden. Aufgrund des „freien Warenverkehrs" innerhalb der EU können Waren aus der EU für den Eigenbedarf abgabenfrei nach Österreich eingeführt werden. Ausnahmen bzw. Richtmengen gelten für Autos, Zigaretten und alkoholische Getränke. Da die Schweiz kein Mitglied der europäischen Zollunion ist, muss bei der Einreise über die Schweiz weiterhin mit Kontrollen gerechnet werden.

Verkehr in Österreich

Höchstgeschwindigkeiten für Pkw und Motorräder (wenn nicht durch Verkehrszeichen anders angezeigt):

50 km/h	Ortsgebiet
100 km/h	Freilandstraßen und Schnellstraßen
130 km/h	Autobahnen

Österreichs Autobahnen und Schnellstraßen sind **mautpflichtig**. Die benötigte **Vignette** erhält man bei ÖAMTC und ARBÖ, in Trafiken sowie bei Tankstellen. Die Vignette muss am Motorrad auf einem schwer entfernbaren, gut sichtbaren Bestandteil platziert werden.

Mitzuführen sind der gültige Führerschein, der Zulassungsschein des Motorrades sowie staubdicht verpacktes Verbandszeug. Zu empfehlen ist die Mitnahme der internationalen Versicherungskarte (grüne Karte) für eine allfällige Schadensabwicklung, einer Warnweste sowie Ersatzlampen und Sicherungen.

In Österreich besteht **Helmpflicht** für Fahrer und Sozius, wobei der Sozius das vollendete 12. Lebensjahr erreicht haben muss.

Weiter gilt für Motorradfahrer in Österreich **Lichtpflicht** am Tag. Die **Promillegrenze** ist mit 0,5 Promille festgelegt.

Motorradfahrern ist ein **vorsichtiges Vorbeifahren** an angehaltenem Verkehr, wie z. B. an Ampeln oder Baustellen, erlaubt. Im Falle einer **Rettungsgasse** ist dies nicht erlaubt. Die Rettungsgasse ist auf Autobahnen und Schnellstraßen bei Staubildung oder stockendem Verkehr von allen Verkehrsteilnehmern zu bilden.

Notrufnummern Österreich

Feuerwehr: 122
Polizei: 133
Rettung: 144
Europa-Notruf: 112
Bergrettung: 140
Vergiftungsinformationszentrale: 01/406 4343

Pannendienste

ÖAMTC: 120
ARBÖ: 123

Eine Liste mit Motorradwerkstätten finden Sie auf S. 116/117.

Tankstellen

Das Tankstellennetz ist sehr gut ausgebaut. Geöffnet sind diese in der Regel von 8 bis 20 Uhr. Viele haben jedoch durchgehend geöffnet oder verfügen über einen 24h-Tankautomaten. Erhältlich sind Benzin mit 95, 98 und 100 Oktan sowie Diesel. Zusätzlich bieten viele Tankstellen Motoröle, Bremsflüssigkeiten, Lampen, Sicherungen für Motorräder sowie Straßenkarten und Autobahnvignetten an.

Empfohlene Straßenkarten

Freytag & Berndt, Graz, Stadtplan 1:15.000
Freytag & Berndt, Steiermark, Auto- und Freizeitkarte 1:200.000
Freytag & Berndt, Steirisches Thermenland 1:50.000
Falk, Steiermark und Burgenland 1:175.000
Hallwag, Motorrad Atlas Alpenländer 1:300.000

TOUR 1

RUND UM DEN DACHSTEIN

TOURINFO

Länge:	**250 km**	**Fahrspaß:**	**+++**
Fahrzeit:	**5 h**	**Natur:**	**+++**
Schwierigkeit:	**mittel**	**Kultur:**	**+**

Route

Schladming ➤ 18 km ➤ **Gröbming** ➤ 13 km ➤ **Stoderzinken** ➤ 30 km ➤ **Trautenfels** ➤ 28 km ➤ **Bad Aussee** ➤ 16 km ➤ **Loser** ➤ 34 km ➤ **Hallstatt** ➤ 20 km ➤ **Gosausee** ➤ 30 km ➤ **Annaberg** ➤ 28 km ➤ **Filzmoos** ➤ 15 km ➤ **Dachstein Gletscherbahn** ➤ 9 km ➤ **Ramsau** ➤ 9 km ➤ **Schladming**

Pässe & Bergstraßen

Stoderzinken Alpenstraße (1.828 m), Loser Panoramastraße (1.600 m), Koppensattel (692 m), Pass Gschütt (957 m), Dachstein Gletscherbahn (1.700 m)

GPS-Koordinaten

Stoderzinken, Parkplatz	N 47° 27.499	E 13° 48.862
Loser, Parkplatz	N 47° 39.644	E 13° 47.185
Freizeitzentrum Hallstätter See, öffentlicher Strand	N 47° 32.777	E 13° 39.805
Beinhaus Hallstatt	N 47° 33.817	E 13° 38.925
Gosausee	N 47° 32.002	E 13° 29.815
Gletscherbahn Dachstein	N 47° 27.050	E 13° 37.085

Die Stadt Schladming ist der Ausgangspunkt für die Umrundung des Dachsteins, des mit 2.995 m höchsten Bergs der Steiermark. Diese 250 km lange Tour rund um das Dachsteinmassiv ist gespickt mit wunderschönen Panoramablicken, sehenswerter Kultur, tollen Ausflugszielen und natürlich traumhaften Straßen.

Die Stadt **Schladming** liegt im oberen **Ennstal** und gehört zu den bekanntesten und beliebtesten Wintersportorten Österreichs. Aber auch im Sommer gehört das Gebiet rund um Schladming und den **Dachstein** mit seinem vielfältigen touristischen Angebot und der wunderschönen Bergkulisse zu den gefragtesten Urlaubszielen der Steiermark. Für diese Tour brechen wir in Schladming zeitig auf. Das hat zwei Gründe: Einerseits wollen wir dem zähen Verkehr, der hier auf der Ennstal Straße B320 zu den Stoßzeiten herrscht, entgehen, andererseits möchten wir so früh wie möglich am Stoderzinken sein. In **Gröbming** verlassen wir die Bundesstraße und biegen ab in Richtung pures Vergnügen. Auf 12 km windet sich die schmale Straße teilweise direkt an der Felswand entlang auf 1.828 m hinauf. Wir sind heute die Ersten am **Stoderzinken** und können die Stille und die grandiosen Aus-

blicke in das Ennstal und auf den Dachstein mit vollen Zügen genießen. Der Stoderzinken ist noch ein richtiger Geheimtipp. Im Sommer verirren sich nur ein paar Wanderer und Frischlufthungrige auf den Berg.

Danach geht es rund um den majestätisch wirkenden **Grimming** (2.351 m). In **Trautenfels** biegen wir links auf die Salzkammergutstraße B145 ab und kommen recht flott vorbei an der Skiflugschanze in **Bad Mitterndorf** nach **Bad Aussee** (4.800 Einwohner). Die Kurstadt ist der geografische Mittelpunkt Österreichs und das Tor in das bezaubernde **Salzkammergut**.

Doch bevor wir uns in das Zentrum von Bad Aussee stürzen, wollen wir noch den 1.838 m hohen **Loser** bezwingen. Wir folgen der Beschilderung. Über den Luftkurort **Altaussee**, vorbei am **Altausseer See**, erreichen wir die mautpflichtige Loserstraße. Diese 5 € Maut sind gut investiertes Geld, denn die perfekt ausgebaute Panoramastraße steigt durch 15 Kehren auf 1.600 m bis zum **Loser-Restaurant**. Das Panorama mit Dachsteinmassiv und Ausseerland ist einzigartig. Auf der Terrasse des Restaurants lassen wir unsere Seele baumeln und vergessen tatsächlich den täglichen Arbeitsstress. Schon Kaiserin Sisi wusste die Vorzüge des Ausseerlandes und des Losers zu schätzen, sie unternahm häufig Bergwanderungen in diesem Gebiet.

Grimming, Schloss Trautenfels

Nach einem kurzen Stopp in **Bad Aussee** geht es durch ein angenehm kühles Waldstück über den **Koppensattel** (692 m) weiter nach **Hallstatt**. Umgeben von der großartigen Bergwelt empfängt uns der **Hallstätter See**. Kurz vor Hallstatt, an einem öffentlichen Strandabschnitt, können wir der Verlockung nicht mehr widerstehen und wagen den Sprung ins kalte Nass. Denn auch im Hochsommer ist der bis zu 125 m tiefe und 8,55 km² große See, der von der Traun durchflossen und vom Gletschereis gespeist wird, bitterkalt.

Loser

Gosausee

Nun befinden wir uns auf der Westseite des Dachsteins. Das Gebiet **Dachstein West** rund um **Hallstatt, Obertraun** und **Gosau** bietet eine Vielzahl an Sehenswürdigkeiten und Freizeitmöglichkeiten. Ein Spaziergang entlang des Sees durch Hallstatt ist ein Muss, besonders beeindruckend sind der Ortskern und das **Beinhaus** (siehe S. 24). Wer Lust hat, kann eine Bootsfahrt am See unternehmen. Diejenigen, die Hunger haben, können sich auf der Seeterrasse vom *Bräu-Gasthof* mit heimischen Gerichten verwöhnen lassen. Empfehlung des Tages: frischer Fisch aus dem Hallstätter See. In Hallstatt gilt für Touristen ein Fahrverbot, es gibt aber genügend Parkplätze rund um den Ort.

Es geht weiter nach **Gosau,** wo schon das nächste Highlight auf uns wartet. Das mächtige Dachsteinmassiv blickt auf uns und den klirrend kalten **Gosausee** herunter. Wir kommen aus dem Staunen nicht mehr heraus, zücken unseren Fotoapparat und verweilen ein paar Minuten am See. So, das war jetzt aber genug Besichtigung, der Drang nach Kurven macht sich breit. Wir verlassen Oberösterreich über den **Pass Gschütt** (957 m) ins Bundesland Salzburg und kommen recht zügig über **Annaberg** und **Filzmoos** wieder auf die Südseite des Dachsteins und somit zurück in die Steiermark. Anmutig begleitet uns der Gletscher mit seinen bizarren Felsformationen und weißen Schneefeldern auf den letzten Kilometern über **Ramsau** zurück nach **Schladming**. Der letzte Teil dieser Tour von Eben bis nach Schladming (34 km) ist fahrerisch, v. a. aber auch landschaftlich besonders reizvoll. Wenig Verkehr sowie perfekte Straßenverhältnisse tragen das Ihre dazu bei.

Abschließend wollen wir nach der Dachstein-Umrundung natürlich auch auf den höchsten Berg der Steiermark hinauf. Sollte sich die Auffahrt mit der **Gletscherbahn** auf das Plateau (2.700 m) zeitlich nicht mehr ausgehen, muss man einfach noch eine Nacht in dieser wunderschönen Region verbringen, um den Gletscher am nächsten Tag zu bezwingen. Es lohnt sich!

Dachstein

Der Dachstein, mit 2.995 m der höchste Berg der Steiermark, ist der östlichste Gletscher der Alpen und der Hauptgipfel des sich über die Steiermark, Oberösterreich und Salzburg erstreckenden **Dachsteinmassivs**. Die gesamte vergletscherte Fläche des Dachsteingletschers, der eigentlich aus acht verschiedenen Gletschern besteht, beträgt ca. 560 ha. Touristisch ist das Dachsteinmassiv perfekt erschlossen: Im Winter wie im Sommer bietet die Region verschiedenste Ausflugs- und Sportmöglichkeiten. Naturgenießer und Entdecker kommen genauso auf ihre Kosten wie Skifahrer, Bergsteiger und Wanderer.

Auf oberösterreichischer Seite, in der Region **Dachstein West**, können von Obertraun aus drei atemberaubende Höhlensysteme erforscht werden: Die **Dachstein Rieseneishöhle** und die **Mammuthöhle** sind über Seilbahnen, die **Koppenbrüllerhöhle** vom Tal aus gut erreichbar. Zu weiteren Attraktionen gehören die **Silberkarklamm**, das Alpin- sowie das Höhlenmuseum.

Auf steirischer Seite führt die **Dachstein Gletscherbahn** an der steil abfallenden Südwand auf 2.700 m. Mut ist gefragt, denn die Seilbahn überwindet über tausend Höhenmeter ohne eine einzige Stütze. Doch die Aufregung lohnt sich, denn die traumhaften **Panoramablicke** über Hunderte Berggipfel sind absolut einzigartig. Der **Sky Walk** ist eine spektakuläre Aussichtsplattform direkt an der senkrecht abfallenden Felswand. Das Betreten kostet Überwindung, v. a. wenn man Höhenangst hat. Die **„Treppe ins Nichts"** führt über 14 Stufen hinab auf eine kleine Plattform mitten in der Felswand. Besonderen Nervenkitzel bereitet die Bodenplatte aus Glas, die für tiefe Blicke, aber auch für einen Adrenalinschub sorgt. Die höchstgelegene **Hängebrücke** Österreichs, unmittelbar an der Südwand, bietet grandiose Ausblicke auf den Dachstein sowie die umliegende Bergwelt. Ein besonderes Highlight ist der **Dachstein Eispalast**. Hier wurden tief im Gletscher verschiedenste Skulpturen, wie z. B. die Simpsons, ein Formel-1-Auto, sowie Räumlichkeiten, wie z. B. der Kristalldom, der Thronsaal oder der Blaue Salon, von Künstlern direkt aus dem Gletschereis herausgearbeitet. Durch Klang und Lichteffekte wird der Rundgang im Eispalast zu einem einmaligen Erlebnis.

LAND & LEUTE

Die Region rund um Schladming und den Dachstein gehört zu den spannendsten Gegenden der Steiermark. Touristisch perfekt ausgebaut, bietet diese Region schier endlos viele Möglichkeiten – sowohl im Sommer als auch im Winter.

Schladming

Wunderschön eingebettet in das Obere Ennstal liegt die Stadt Schladming (745 m, 6.700 Einwohner). Eine traumhafte Bergkulisse mit dem Dachsteinmassiv und den Niederen Tauern umgibt die 1180 erstmals urkundlich erwähnte Stadt. War Schladming früher ein bedeutender Bergbauort, so gehört die Stadt heute zu den wichtigsten Wintersportorten in Europa und ist weltbekannt durch zahlreiche Großveranstaltungen, wie die Alpinen Ski-Weltmeisterschaften 1982 und 2013, die Special Olympics 1993 sowie unzählige Ski-Weltcuprennen. Der Tourismus spielt heute die größte wirtschaftliche Rolle. Vom Kebabstand bis zum Haubenlokal, vom Zimmer am Bauernhof bis zum 4-Sterne-Wellness-Hotel, in Schladming ist für jede Geldbörse das Richtige dabei. Sehr sehenswert sind das Rathaus, das Stadtmuseum, die katholische Pfarrkirche sowie der Hauptplatz.

Hallstatt

Hallstatt (511 m) liegt an der Westseite des Dachsteinmassivs im oberösterreichischen Salzkammergut. Umrahmt von der eindrucksvollen Berg- und Naturlandschaft spiegelt sich der Ort, der zum UNESCO-Welterbe gehört, im eiskalten Hallstätter See. Der Ortskern ist einzigartig. Die jahrhundertealten, zum Teil renovierten Häuser drängen sich dicht zwischen Seeufer und den steil abfallenden Berg. Doch „einzigartig" stimmt eigentlich nicht ganz, denn die Chinesen bauten den Ort in den vergangenen Jahren eins zu eins nach.

Sehenswert sind das Museum Hallstatt, die im Jahre 1505 fertiggestellte spätgotische Pfarrkirche Maria Himmelfahrt, das eindrucksvolle Beinhaus (auch Karner genannt, in dem sich rund 1.200 Totenschädel von Verstorbenen befinden, von denen 610 bemalt sind), das älteste Salzbergwerk der Welt sowie die Dachstein Höhlenwelt.

Spezialität

Der **Ausseerland Seesaibling** ist eine Spezialität des Ausseerlandes und kommt so nur in dieser Region vor. Durch das einzigartige Zusammenspiel der Berge und Seen sowie aufgrund der Höhenlage mit ihren alpinen Temperaturen entstand diese wunderbar schmackhafte Variante des Saiblings. Wegen seines einmaligen Geschmacks und des zarten, hellrosa Fleischs wurde er auch in die „GenussRegion Österreich" aufgenommen. Besonders über Buchenholz geräuchert entfaltet sich sein besonderer Geschmack.

INFORMATION

Schladming-Dachstein Tourismusmarketing
Ramsauerstraße 756
8970 Schladming
Tel.: +43 (0)3687/23310
www.schladming-dachstein.at

Tourismusverband Ausseerland-Salzkammergut
Bahnhofstraße 132
8990 Bad Aussee
Tel.: +43 (0)3622/54040
www.ausseerland.at

Tourismusbüro Hallstatt
Seestraße 99
4830 Hallstatt
Tel.: +43 (0)6134/8208
www.hallstatt.at

Tourismusverband Ramsau am Dachstein
8972 Ramsau 372
Tel.: +43 (0)3687/81833
www.ramsau.com

Unterkunft

Hotel Sonnschupfer
Obere Klaus 48
8970 Schladming
Tel.: +43 (0)3687/23413
www.sonnschupfer.at

Haus Bergfried
Alpstegweg 90
8971 Rohrmoos-Schladming
Tel.: +43 (0)3687/61489
www.pilz-bergfried.at

Hotel Pension Das Platzl
Rohrmoosstraße 128
8971 Rohrmoos-Schladming
Tel.: +43 (0)3687/61346
www.das-platzl.at

Pension Bartlbauer
Hirzegg 23
8972 Ramsau am Dachstein
Tel.: +43 (0)3687/81271
www.bartlbauer.com

Frühstückspension Sarstein
Gosaumühlstraße 83
4830 Hallstatt
Tel.: +43 (0)6134/8217
www.pension-sarstein.at.tf

Gasthof Staud'nwirt
Grundlseer Straße 21
8990 Bad Aussee
Tel.: +43 (0)3622/54565
www.staudnwirt.at

Kalßwirt
Sießreithstraße 58
8990 Bad Aussee
Tel.: +43 (0)3622/55215
www.kalsswirt.at

Camping

Camping Zirngast
Linke Ennsau 633
8970 Schladming
Tel.: +43 (0)3687/23195
www.zirngast.at

Freizeitpark Ramsau Beach Camping
Schildlehen 128
8972 Ramsau
Tel.: +43 (0)3687/21010
www.beach.co.at

Camping an der Traun
Grundlseer Straße 21
8990 Bad Aussee
Tel.: +43 (0)3622/54565
www.staudnwirt.at

Camping am See
Winkl 77
4831 Obertraun am Hallstättersee
Tel.: +43 (0)6131/265
www.camping-am-see.at

Camping Klausner-Höll
Lahn 201
4830 Hallstatt
Tel.: +43 (0)6134/8322
www.camping.hallstatt.net

Camping Reiteralm
Gleiming 1
8973 Pichl
Tel.: +43 (0)6454/7312-0
www.hotel-reiteralm.at

Thermen

Narzissen Bad Aussee
Pötschenstraße 172
8990 Bad Aussee
Tel.: +43 (0)3622/55300100
www.narzissenbadaussee.at

Grimming Therme
Neuhofen 182
8983 Bad Mitterndorf
Tel.: +43 (0)3623/21010
www.grimming-therme.com

TOUR 2

ABWECHSLUNG PUR

TOURINFO

Länge:	315 km	Fahrspaß:	+++
Fahrzeit:	5–6 h	Natur:	+++
Schwierigkeit:	mittel	Kultur:	+

Route

Murau ➤ 28 km ➤ **Oberwölz** ➤ 52 km ➤ **Trieben** ➤ 16 km ➤ **Admont** ➤ 24 km ➤ **Hieflau** ➤ 21 km ➤ **Altenmarkt bei St. Gallen** ➤ 32 km ➤ **Windischgarsten** ➤ 23 km ➤ **Liezen** ➤ 18 km ➤ **Irdning** ➤ 18 km ➤ **Planneralm** ➤ 37 km ➤ **Großsölk** ➤ 21 km ➤ **Sölkpass** ➤ 25 km ➤ **Murau**

Pässe & Bergstraßen

Triebener Tauernpass (1.274 m), Kaiserau (Nagelschmiede Pass) (1.100 m), Hengstpass (964 m), Pyhrnpass (954 m), Planneralmstraße (1.600 m), Sölkpass (1.790 m)

GPS-Koordinaten

Spitalskirche & Stadtpfarrkirche Oberwölz	N 47° 12.187	E 14° 16.852
Benediktinerstift Admont	N 47° 34.447	E 14° 27.671
Erlebniszentrum Nationalpark Gesäuse	N 47° 34.853	E 14° 35.458
Ruine Ägydikirche	N 47° 27.637	E 14° 8.119
Sölkpass	N 47° 16.269	E 14° 4.778

Murau ist bekannt für sein wohlschmeckendes *Murauer Bier*, als schneesicheres Skigebiet und für die wunderschöne Natur- und Berglandschaft, die die kleine Stadt im Murtal umgibt.

Für uns ist es der perfekte Ausgangspunkt, um einerseits die Niederen Tauern, die Sölktäler und den Nationalpark Gesäuse im Norden zu erkunden und andererseits im Süden den kärntnerischen Gurktaler Alpen sowie dem Nationalpark Nockberge einen Besuch abzustatten (➤ Tour 3). Wir entscheiden uns zunächst für die nördliche Tour rund um die Niederen Tauern. Los geht's auf der B96 nach **Niederwölz**, wo wir die teilweise stark frequentierte Bundesstraße Richtung **Lachtal** verlassen. Den ersten Stopp legen wir in der geschichtsträchtigen Stadt **Oberwölz** (830 m, 1.000 Einwohner) ein, die mit zwei sehenswerten Kirchen und der in Privatbesitz befindlichen **Burg Rothenfels** Eindruck schinden kann. Nach einer kurzen Besichtigung der im Jahre 1430 errichteten **Spitalskirche** und der vis-à-vis um

Oberwölz

1280 erbauten **Stadtpfarrkirche** verlassen wir Oberwölz durch ein Tor der alten Stadtmauer Richtung Oberzeiring.

Eine schmale, kurvige Straße führt uns durch Wiesen und Weiden, vorbei an grasenden Kühen und Schafen, zurück auf die Landstraße. Wer Lust hat, kann in **Oberzeiring** das **Silberschaubergwerk** besichtigen. Wir nehmen dann den

Triebener Tauernpass (1.274 m) in Angriff, der das **Mur-** mit dem **Paltental** verbindet. Die Auffahrt ist gemütlich, fahrerisch aber eher wenig spektakulär, dafür hat es die Abfahrt Richtung Trieben in sich. Hier haben die Straßenbauer genau nach unserem Geschmack gearbeitet.

Unten in **Trieben** angekommen, geht es auch gleich wieder bergauf. Mit traumhaften Ausblicken in das Paltental und tollen Picknickplätzen führt die Straße über die kurvige **Kaiserau** (1.100 m) nach **Admont**. Das im Jahre 1074 gegründete **Benediktinerstift** gehört zu den gefragtesten Touristen-

Stiftsbibliothek Admont

Die Stiftsbibliothek des Benediktinerstiftes Admont übertrumpft in unerwarteter Art und Weise die Schönheit der umliegenden Bergwelt. Nicht nur wegen der Anzahl der Bücher und der Größe der Bibliothek, sondern auch wegen der verschiedensten Kunstwerke ist sie einzigartig. Der 1776 durch den Grazer Baumeister Josef Hueber fertiggestellte spätbarocke Bibliothekssaal umfasst ca. 70.000 Bände, ist 70 m lang, 14 m breit, 13 m hoch und somit der größte klösterliche Bibliothekssaal der Welt.

Der wahrlich beeindruckende Bücherbestand von insgesamt an die 200.000 Bänden sowie die architektonischen Besonderheiten wie Fresken und Skulpturen berühmter Künstler machen die Bibliothek zu einem Gesamtkunstwerk von unschätzbarem Wert. Unter anderem beinhaltet sie 1.400 Handschriften ab dem 8. Jahrhundert sowie 530 Inkunabeln (bis 1500) und 400 Frühdrucke von 1501 bis 1520.

zielen der Steiermark. Das älteste bestehende Kloster der Steiermark beeindruckt mit seiner neugotischen Stiftskirche, dem Kunsthistorischen- sowie Naturhistorischen Museum, v. a. aber mit der größten **Klosterbibliothek** der Welt. Diese atemberaubende Stiftsbibliothek wurde schon im frühen 19. Jahrhundert als das 8. Weltwunder bezeichnet. Eine Besichtigung ist ein absolutes Muss!

Nationalpark Gesäuse

Gespannt verlassen wir sodann Admont Richtung Hieflau. Denn die kommenden 25 km durch den **Nationalpark Gesäuse** gehören wohl zu den schönsten dieser Tour. Der Nationalpark bietet alles, was sich ein Motorradfahrer wünscht. Umgeben von zerklüfteten, felsigen Bergen, begleitet von einem türkisfarbenen, reißenden Fluss, treibt einen das Kurvenkarussell in einen Schräglagenrausch, den man so schnell nicht vergessen wird oder will.

Nationalpark Kalkalpen

Mit einem breiten Grinsen verlassen wir den Nationalpark Gesäuse und lassen uns von den eben gesammelten Eindrücken auf der B115 gemütlich bis nach **Altenmarkt bei St. Gallen** treiben. Wir nehmen die Straße Richtung Windischgarsten und tauchen in den oberösterreichischen **Nationalpark Kalkalpen** ein. Ab **Unterlaussa** ist es dann vorbei mit der Gemütlichkeit, denn wir verspüren wieder den Drang nach Action. Und diese wird uns auf den nächsten 24 km bis Windischgarsten auch geboten. Zuerst geht es durch eine Schlucht entlang des Laussabachs, danach über den 964 m hohen **Hengstpass**. In der freundlichen Marktgemeinde **Windischgarsten** machen wir unsere nächste Pause und lassen uns mit Kaffee und Kuchen verwöhnen. Der **Pyhrnpass** (954 m) führt uns zurück in die Steiermark: nach **Liezen im Ennstal**.

Ruine Ägydikirche

Auf der Ennstal-Bundesstraße B320 fahren wir Richtung Schladming und machen einen Abstecher vorbei am **Schloss Trautenfels** (Irdning, ➤ Tour 1) in Richtung **Donnersbach**. Dort biegen wir links auf die beschilderte Planneralm ab. Ein paar Kurven später erblicken wir die **Ruine der Ägydikirche**. Ein Stopp zahlt sich aus, denn die Ruine und die Landschaft im Hintergrund ergeben ein einzigartiges Fotomotiv.

Wir fahren hinauf bis zu den Liftstationen der **Planneralm** (ca. 1.600 m). Im Winter tummeln sich hier die Skitouristen, aber im Sommer ist es ein

Fleckchen der Ruhe und Erholung. Wir legen uns in die Wiese der einsamen Almenlandschaft, blicken auf die grünen Zweitausender im Hintergrund und genießen für ein paar Augenblicke die Stille der Natur.
Krönender Abschluss dieser Tour ist die Überquerung des **Sölkpasses** (1.790 m). Die Landschaft zwischen Großsölk und Schöder (35 km) im **Naturpark Sölktäler** ist geprägt von blühenden Wiesen, klirrend kalten Gebirgsbächen sowie grünen Berggipfeln und gehört mit Sicherheit zum Schönsten, was die Obersteiermark landschaftlich zu bieten hat. Aber auch, für viele noch wichtiger: griffiger Asphalt, geniale Kurvenradien, 12% Steigung bei der Auffahrt, bis zu 14% Gefälle bei der Abfahrt. Das klingt vielversprechend!
Zurück in **Irdning** biegen wir nicht auf die Bundesstraße B320, sondern schon zuvor links auf die L734 ab. Über Öblarn kommen wir nach **Großsölk,** wo sich der Eingang zum Naturpark befindet. Auf den ersten etwa 20 km über **St. Nikolai i. S.** gewinnen wir kontinuierlich an Höhe. Nur ein paar Kühe queren unseren Weg. Vorsicht ist beim Befahren der Weideroste geboten! Kurz vor der Passhöhe schraubt sich dann die Straße durch einige Kehren auf 1.790 m. Im Mittelpunkt steht eine kleine Kapelle direkt an der Passhöhe, rundherum gibt es zahlreiche Rastplätze. Am Wochenende kann es hier schon mal eng werden, denn der Sölkpass ist längst kein Geheimtipp mehr. Die Abfahrt Richtung **Schöder** ist genauso schön und charakteristisch der Auffahrt ebenbürtig. In **Murau** angekommen, erheben wir zufrieden ein frisch gezapftes *Murauer Bier* auf diese gelungene Tour.

Tagesanbruch am Campingplatz

LAND & LEUTE

Nationalpark Gesäuse

Der Nationalpark Gesäuse wurde 2002 gegründet und ist somit der jüngste der sechs Nationalparks in Österreich. Mit einer Größe von 11.054 ha, verteilt auf sechs Gemeinden, ist er der drittgrößte österreichische Nationalpark. Er erstreckt sich auf einer Seehöhe zwischen 490 m und 2.370 m und ist geprägt von wilden Felsformationen, Wald- und Almenlandschaften sowie dem Fluss Enns zwischen Admont und Hieflau.

Admont

Mitten in den Ennstaler Alpen, direkt am Eingang zum Nationalpark Gesäuse, liegt die Marktgemeinde Admont (640 m, 5.000 Einwohner). Wunderschön eingebettet in die umliegende Natur- und Berglandschaft, ist Admont dank dem Benediktinerstift eines der beliebtesten Ausflugsziele der Steiermark.

Murau

Die Stadt Murau (829 m, 3.700 Einwohner) ist ein sehr beliebter Tourismusort in der Steiermark. Im Winter locken die schneesicheren Skigebiete, im Sommer zahlreiche Freizeitmöglichkeiten. Sehenswürdigkeiten wie die Stadtpfarrkirche, die Leonhardkirche, das Schloss Murau und die Burg Grünfels können erkundet werden. Bierfans können in einem uralten Gewölbekeller der Brauerei Murau das Brauereimuseum besichtigen.

Spezialität

Der **Murtaler Steirerkäs** ist ein würziger, kräftiger Jausenkäse und gilt als urige regionale Spezialität aus dem Oberen Murtal. Bäuerliche Milchviehbetriebe schaffen mit ihrer qualitativ hochwertigen Milch die Basis. Aus der Milch wird in hofeigenen Käsereien bzw. in der Obersteirischen Molkerei dieser köstliche Käse hergestellt: Dem gereiften Magertopfen werden Gewürze, Kochsalz, Schmelzsalze und Milch zugefügt, wodurch er seinen herzhaft würzigen Geschmack erhält.

INFORMATION

Tourismusverband Murau-Kreischberg
Lichtensteinstraße 3–5
8850 Murau
Tel.: +43 (0)3532/2720
www.murau-kreischberg.at

Tourismusverband Alpenregion Nationalpark Gesäuse
Hauptstraße 35
8911 Admont
Tel.: +43 (0)3613/2116010
www.gesaeuse.at

Tourismus Liezen
Hauptplatz 5
8940 Liezen
Tel.: +43 (0)3612/25658
www.stadtmarketing-liezen.at

Pyhrn-Priel Tourismus
Hauptstraße 28
4580 Windischgarsten
Tel.: +43 (0)7562/526699
www.pyhrn-priel.net

Unterkunft

Gasthof Egidiwirt
St. Egidi 82
8850 Murau
Tel.: +43 (0)3532/2232
www.egidiwirt.at

Hotel Lercher
Schwarzenbergstr. 10
8850 Murau
Tel.: +43 (0)3532/2431
www.lercher.com

Berggasthof Zierer
Hirschriegelweg 20
8940 Liezen
Tel.: +43 (0)3612/23413
www.zierer.co.at

Gasthof Zeiringer
Salzburger Straße 23
8950 Stainach
Tel.: +43 (0)3682/22237-0
www.zeiringerhof.at

Camping

Camping Olachgut
Kaindorf 90
8861 St. Georgen ob Murau
Tel.: +43 (0)3532/3233
www.olachgut.at

Camping Rothenfels
Bromach 1
8832 Oberwölz
Tel.: +43 (0)664/1412514
www.camping-rothenfels.at

Ferienanlage im Dörfl
Dörfl 273
8952 Irdning
Tel.: +43 (0)3682/22022
www.imdoerfl.at

Camping Saggraben
Palfau 4
8923 Palfau
Tel.: +43 (0)3638/271
www.camping-salza.at

Camping Weiberlauf
Krippau 35
8931 Großreifling
Tel.: +43 (0)3633/2451
www.camping-weiberlauf.at

TOUR 3

„NOCKY MOUNTAINS“

TOURINFO

Länge:	**278 km**	**Fahrspaß:**	**++**
Fahrzeit:	**5 h**	**Natur:**	**+++**
Schwierigkeit:	**mittel**	**Kultur:**	**+**

Route

Murau ➤ 25 km ➤ **Sölkpass** ➤ 21 km ➤ **Großsölk** ➤ 35 km ➤ **Schladming (Planai)** ➤ 31 km ➤ **Radstadt** ➤ 22 km ➤ **Obertauern** ➤ 18 km ➤ **Mauterndorf** ➤ 16 km ➤ **Katschberg** ➤ 23 km ➤ **Innerkrems** ➤ 44 km ➤ **Turracher Höhe** ➤ 43 km ➤ **Murau**

Pässe & Bergstraßen

Sölkpass (1.790 m), Planaistraße (1.825 m), Radstädter Tauernpass (1.738 m), Katschberg (1.641 m), Nockalmstraße (2.049 m), Turracher Höhe (1.795 m)

GPS-Koordinaten

Planaistraße, Parkplatz	N 47° 22.258	E 13° 43.288
Burg Mauterndorf	N 47° 8.263	E 13° 40.712
Mautstation Nockalmstraße	N 46° 58.070	E 13° 43.550
Eisentalhöhe Nockalmstraße	N 46° 56.141	E 13° 45.553
Turrach See, Turracher Höhe	N 46° 55.077	E 13° 52.429

Das Drehbuch für den heutigen Tag wird mit Sicherheit ein Bestseller, garantiert Spannung, Action und beste Unterhaltung. Die Hauptdarsteller heißen Sölkpass, Schladminger Tauern, Radstädter Tauern, Katschberg, Nationalpark Nockberge und Turracher Höhe.

Diese Tour beginnt, wo ➤ Tour 2 aufgehört hat: mit dem 1.790 m hohen **Sölkpass**, aber in die entgegengesetzte Richtung und früh am Morgen. Das beschert uns komplett neue Eindrücke auf den 35 km von **Schöder** bis nach **Großsölk**. Zeitig in der Früh, wenn sich die Morgensonne durch die Berggipfel der Niederen Tauern kämpft und noch Ruhe und Einsamkeit herrschen, ist es hier im **Naturpark Sölktäler** besonders reizvoll.

Die B320 führt uns über **Haus am Kaibling** in die Region **Schladming-Dachstein** (➤ Tour 1). Kurz vor Schladming biegen wir links ab und machen einen Abstecher auf die **Planai**. Die für Motorräder mautfreie Planaistraße führt uns auf 1.825 m. Die erste Hälfte auf Asphalt, die zweite auf gut befestigtem Schotter. Die Schotterpiste ist in einem Top-Zustand und für jede Art von Motorrad geeignet. An der Bergstation angekommen, ist die Schotterpiste auch schnell vergessen, der traumhaft schöne Ausblick auf das Dachsteinmassiv, den Dachstein und die umliegende Bergwelt ist einfach nur genial.

Aber auch die freundliche Wirtin auf der Terrasse der *Schafalm* und ein Häferl Kaffee tragen zur guten Stimmung bei.

Über die teilweise stark frequentierte Bundesstraße gelangen wir Richtung Westen ins Bundesland Salzburg. In **Radstadt** (858 m, knapp 5.000 Einwohner), einem sehr netten Skiort im **Salzburger Pongau**, machen wir

Naturpark Sölktäler

Richtung Obertauern

Obertauern

einen weiteren Stopp. Die Altstadt hat Charme und lädt uns auf eine Pause ein. Weiter geht es auf den **Radstädter Tauernpass**. Die sehr abwechslungsreiche B99 führt uns teilweise zwei-, dann wieder einspurig durch eine enge Schlucht entlang des Taurachbachs nach **Obertauern**.

Obertauern liegt direkt an der Passhöhe und gehört zu den beliebtesten, aber auch teureren Skiorten Österreichs. Im Winter ist hier die Hölle los, in den Sommermonaten herrscht aber gähnende Leere in den verlassenen Straßen. Nur ein paar Motorradfahrer durchdringen die Stille auf 1.738 m Höhe.

Wir winken den Radstädter Tauern im Rückspiegel zu und tauchen ein in den Salzburger **Lungau**. Vorbei an der sehenswerten, aus dem 13. Jahrhundert stammenden Burg sowie durch den bezaubernden mittelalterlichen Ortskern von **Mauterndorf** führt uns die B99 weiter Richtung **St. Michael im Lungau**. Recht zügig bringen uns ein paar tolle Kurvenkombinationen über den 1.641 m hohen **Katschberg** nach Kärnten. Im kleinen Ort **Kremsbrücke** biegen wir links Richtung **Nationalpark Nockberge** ab.

Schon die 10 km lange Anfahrt bis zur Mautstation der **„Nocky Mountains“** ist ein absoluter Traum. Die 10 € Mautgebühr werden zwar nicht jedem ein Lächeln ins Gesicht zaubern, sie sind aber auf jeden Fall gerechtfertigt. Denn auf einer Länge von 35 km erleben wir eine begrünte Berg- und Almenlandschaft, die in ihrer Art und Weise einzigartig ist. Natur pur so weit das Auge reicht. Ein seltenes Fleckchen der Ruhe und Erholung, hier wird jeder den täglichen Stress und Arbeitsdruck unserer heutigen Gesellschaft vergessen. Die Nockalmstraße führt durch 52 „Reidn“ (Kehren) und einen spektakulären Kurvenmix immer wieder bergauf und bergab. Höchster zu befahrender Punkt der Nockalmstraße ist die **Eisentalhöhe** (2.049 m). Auf dieser und auf der **Schiestlscharte** (2.024 m) gibt es sog. **Biker Points** mit Motorradparkplätzen, Infotafeln, kostenlosen Safes sowie Gastronomiebetrieben mit Kärntner Spezialitäten. Für Selbstversorger gibt es zahlreiche Picknick- und Rastplätze entlang der Nockalmstraße. Einfach rechts ranfahren und es sich auf der Wiese oder auf einem Felsen gemütlich machen.

Kaum unten im **Gurktal** angekommen, geht es auch schon wieder hinauf, und zwar auf die **Turracher Höhe**. Der kleine Ski- und Erholungsort, ein

tiefgrüner Gebirgssee und zahlreiche Cafés laden zum Stopp ein. Ist die Fahrt durch den Nationalpark Nockberge wohl eher zum Genießen und Entdecken der herrlichen Naturlandschaft geeignet, so entspricht die Überfahrt der Turracher Höhe und das anschließende Teilstück bis nach **Predlitz** wieder dem, was sich gelernte Winkelschleifer unter der strahlenden Nachmittagssonne so vorstellen.
Doch Vorsicht: Den Gasgriff immer schön unter Kontrolle haben, denn schlecht einsehbare Kurvenausgänge entlang des Turrach-Bachs bergen erhöhtes Unfallpotenzial. Ganz in Gedanken an die verschiedensten Eindrücke, die wir heute im Laufe des Tages gesammelt haben, kehren wir auf der B97 glücklich und zufrieden nach **Murau** zurück.

Tipp: Ohne die Durchquerung des „Naturparks Sölktäler" würde sich die Streckenführung perfekt als Verbindungstour zwischen ➤ Tour 1 und ➤ Tour 2 anbieten.

Burg Mauterndorf

Rastplatz

LAND & LEUTE

Biosphärenpark Nockberge

Im Jahre 1987 wurde der **Nationalpark Nockberge** gegründet. Ursprüngliche Pläne, ein riesiges Skigebiet zu errichten, wurden verworfen, stattdessen traten Ziele zur Erhaltung der Natur und deren Ursprünglichkeit an die erste Stelle. Mit einer Größe von 184 km² liegt der Nationalpark in den Gurktaler Alpen und ist eines der meistbesuchten Ausflugsziele in Kärnten. Die Nockalmstraße, die durch eine wunderschöne Naturlandschaft führt, ist 35 km lang, umfasst 52 Kehren und steigt am höchsten Punkt, der Eisentalhöhe, auf 2.049 m (Maut: 10 €).
Entlang der Straße genießt man traumhafte Ausblicke über die „Nocken" (gerundete Berge und Kuppen) sowie die ursprüngliche Natur mit ihrer Artenvielfalt. Nicht eine einzige Siedlung gibt es auf diesen 35 km, lediglich einige urige heimische Gastronomiebetriebe laden zur gemütlichen Einkehr.

Nockalmstraße

Turracher Höhe

Der kleine Erholungsort Turracher Höhe liegt an der gleichnamigen Passhöhe.

Das Kuriose: Der Ort gehört zu zwei verschiedenen Bundesländern. Mitten im Ort verläuft die Grenze zwischen Kärnten und der Steiermark. Idyllisch rund um den kleinen Gebirgssee wurden einige Hotels, Pensionen und Ferienhäuser für Erholung suchende Winter- und Sommersportler errichtet.

Spezialität

Für den **Zirbenschnaps** werden im Juni und Juli die rotvioletten Zirbenzapfen gesammelt. Diese werden in Scheiben geschnitten, danach in hochprozentigem Hausbrand angesetzt und nach einigen Wochen destilliert. Der daraus entstehende Zirbengeist ist glasklar und hat ein unverkennbar starkes Zirbenaroma. Seit langer, langer Zeit ein beliebter, wohlschmeckender Magenwärmer.

Aber Achtung: Zirben stehen teilweise unter Naturschutz!

Murau

INFORMATION

Tourismusverband Murau-Kreischberg
Lichtensteinstraße 3–5
8850 Murau
Tel.: +43 (0)3532/2720
www.murau-kreischberg.at

Schladming Dachstein Tourismusmarketing
Ramsauerstraße 756
8970 Schladming
Tel.: +43 (0)3687/23310
www.schladming-dachstein.at

Tourismusverband Radstadt
Stadtplatz 17
5550 Radstadt
Tel.: +43 (0)6452/7472-0
www.radstadt.com

Tourismusverband Obertauern
Pionierstraße 1
5562 Obertauern
Tel.: +43 (0)6456/7252
www.obertauern.com

Tourismusverein Turracher Höhe
8864 Turracher Höhe 218
Tel.: +43 (0)4275/8392
www.turracherhoehe.at

Unterkunft

Hotel Zum Brauhaus
Raffaltplatz 17
8850 Murau
Tel.: +43 (0)3532/2437
www.brauhaus-murau.com

Gasthof Waldschlößl
Kreischbergstraße 2
8861 St. Georgen ob Murau
Tel.: +43 (0)3537/25025
www.waldschloessel.at

Hotel Alpin
Bahnhofstraße 4
8850 Murau
Tel.: +43 (0)664/4271122
www.hotelalpin-murau.eu

Planaihof
Planaistraße 54
8970 Schladming
Tel.: +43 (0)3687/22152
www.planaihof.at

Haus Katharina
Vorstadtgasse 337
8970 Schladming
Tel.: +43 (0)3687/23971
www.haus-katharina.at

Camping

Camping Olachgut
Kaindorf 90
8861 St. Georgen
ob Murau
Tel.: +43 (0)3532/3233
www.olachgut.at

Camping Pichler
Steindorf 23a
8862 Stadl an der Mur
Tel.: +43 (0)3534/2338
www.pichlerpaul-urlaub.at

Camping Zirngast
Linke Ennsau 633
8970 Schladming
Tel.: +43 (0)3687/23195
www.zirngast.at

Camping Reiteralm
Gleiming 1
8973 Pichl
Tel.: +43 (0)6454/7312-0
www.hotel-reiteralm.at

Tauerncamping Radstadt
Schloßstraße 17
5550 Radstadt
Tel.: +43 (0)6452/4215
www.tauerncamping.at

Camping Mauterndorf
5570 Mauterndorf
Tel.: +43 (0)6472/72023
www.camping-mauterndorf.at

Camping Ramsbacher
Gries 53
9863 Rennweg
Tel.: +43 (0)4734/663
www.camp-ram.at

Eisentalhöhe

TOUR 4

GENUSSTOUR AUF HÖCHSTEM NIVEAU

TOURINFO

Länge:	**280 km**	**Fahrspaß:**	**+++**
Fahrzeit:	**5,5 h**	**Natur:**	**+++**
Schwierigkeit:	**mittel**	**Kultur:**	**++**

Route

Leibnitz ➤ 35 km ➤ **Deutschlandsberg** ➤ 23 km ➤ **Weinebene** ➤ 18 km ➤ **Sankt Gertraud** ➤ 29 km ➤ **Obdach** ➤ 31 km ➤ **Gaberl** ➤ 23 km ➤ **Maria Lankowitz** ➤ 29 km ➤ **Pack** ➤ 36 km ➤ **Deutschlandsberg** ➤ 9 km ➤ **Stainz** ➤ 32 km ➤ **Kitzeck i. S.** ➤ 15 km ➤ **Leibnitz**

Pässe & Bergstraßen

Weinebene (1.668 m), Obdacher Sattel (955 m), Gaberl (1.551 m), Packsattel (1.169 m), Hebalm (1.420 m)

GPS-Koordinaten

Hauptplatz Leibnitz	N 46° 46.896	E 15° 32.332
Burg Deutschlandsberg	N 46° 48.832	E 15° 11.846
Packer Stausee	N 46° 58.726	E 15° 1.433
Schloss Stainz	N 46° 53.759	E 15° 15.800
Klapotetz am Demmerkogel	N 46° 47.513	E 15° 25.480

Die Süd- und Weststeiermark – ein von Gottes Hand erschaffenes Paradies. Hier auf der Südsteirischen Weinstraße, der Sausaler Weinstraße und der weststeirischen Schilcher Weinstraße kommen Weinliebhaber und Feinschmecker voll auf ihre Kosten. Die ausgezeichneten Weine und Natursäfte, die heimischen kulinarischen Spezialitäten und die schöne Landschaft der hügeligen Weingärten sind ein Genuss der Extraklasse.

Für uns Motorradfahrer lassen sich diese Vorzüge perfekt mit zwei Tagestouren in dieser Region verbinden (siehe auch ➤ Tour 5). Die Stadt **Leibnitz** ist unser Ausgangspunkt und das Zentrum des südsteirischen Weingebiets. Die belebte Innenstadt bietet zahlreiche Unterhaltungs- und Einkehrmöglichkeiten vor bzw. nach unseren Touren.

Wir verlassen Leibnitz für diese Genusstour Richtung Süden. Vorbei am **Schloss Seggau** und am **Sulmsee** steht gemütliches Einfahren am Programm. Immer den Gebirgszug der Koralpe und dessen höchsten Punkt, den **Großen Speikkogel** (2.140 m), im Visier, steigt der Drang nach Kurven. Zuvor machen wir jedoch einen kulturellen Abstecher auf die Burg Deutschlandsberg. **Deutschlandsberg** liegt im Herzen der Weststeiermark und ist das Zentrum des Schilcher Weinbaugebiets. Die im 12. Jahrhundert erbaute **Burg Deutschlandsberg** liegt bezaubernd auf einem Hügel über der Stadt, um-

geben von Weingärten und Wiesen. Das sehenswerte **Burgmuseum Archeo Norico** und die traumhafte Aussicht machen den Abstecher zum Erlebnis. Nun geht es aber hinauf auf die 1.668 m hohe **Weinebene**, einen Alpenpass der **Koralpe**, und zur Grenze zwischen der Steiermark und Kärnten. Im Winter sind ein paar Skilifte in Betrieb, im Sommer tummeln sich hier Wanderer und Schwammerlsucher. Die Auffahrt bietet alles, was ein Bikerherz schneller schlagen lässt: griffiger Asphalt, lang gezogene und enge Kurven, wenig Verkehr und v. a. grandiose Blicke auf die Südweststeiermark auf der einen und die Koralpe auf der anderen Seite. Die Abfahrt auf Kärntner Seite ist nicht weniger spektakulär und so stechen wir hinunter in das **Lavanttal**. Unten angekommen heißt es zuerst einmal tief Luft holen und Nase zu halten, denn die Papiererzeugung in **Frantschach** setzt so manche Gerüche frei. Für die Bewohner Fluch und Segen zugleich, denn die Papiererzeugung sichert viele Arbeitsplätze in der Region.

Wir biegen rechts ab Richtung Zeltweg. Auf lang gezogenen Kurven geht es auf der B78 durch das **Lavanttal**. Über den eher unscheinbaren 955 m hohen **Obdacher Sattel** gelangen wir zurück in die Steiermark. Vorbei am **Zirbitzkogel** (2.396 m) und an der **Burgruine Eppenstein** aus dem 10. Jahrhundert, die man zu Fuß erklimmen kann, führt uns die B77 über **Weißkirchen** auf das 1.551 m hohe **Gaberl**. Die Überfahrt der Weinebene war schon toll, aber der Fahrspaß

Schloss Seggau

Hinauf zum Gaberl

durch das Kurvenkarussell über das Gaberl ist wohl noch eine Stufe höher zu bewerten. Grandiose Kurvenkombinationen, bis zu 12% Steigung und beeindruckende Blicke ins Tal lassen das Grinsen immer breiter werden. Auf der Terrasse vom *Gaberlhaus* (1.551 m) lassen wir uns dann mit Kaffee, Kuchen und Sonnenschein verwöhnen.

Bei der Abfahrt werden wir vom klirrend kalten Sallabach bis **Maria Lankowitz** begleitet. Ein kurzer Stopp im zweitgrößten Wallfahrtsort der Steiermark lohnt sich. Seit dem 15. Jahrhundert pilgern Menschen aus aller Welt hierher, um in der **Wallfahrtskirche „Maria Heimsuchung"** zu beten. Weiter führt uns die B70 Richtung Packsattel. Kurz vor dem Feriendorf **Pack** biegen wir rechts ab und machen einen Abstecher zum **Packer Stausee** (ca. 3 km). Wer Ruhe und Erholung sucht, ist hier richtig, denn auf 850 m liegt der Stausee eingebettet in ein herrliches Waldgebiet. Tipp: Kurze Pause am See, Füße ins Wasser halten und die Lungenflügel mit frischer Waldluft füllen. Im Anschluss fährt man entweder wieder zurück auf die B70 und weiter Richtung Packsattel oder man überquert die Sperre am Stausee und fährt über die schmale Bergstraße vorbei am Campingplatz Richtung Pack.

Wallfahrtskirche in Maria Lankowitz

Das Kurvenkarussell dreht sich weiter und führt uns über den **Packsattel** (1.169 m) auf die **Hebalm** (1.420 m). Im Winter Skigebiet, im Sommer Erholungsgebiet für viele Wanderer und Sonnenhungrige am **Hebalmsee**. Dank der neuen Asphaltdecke auf Kärntner Seite ist die

Hebalm auch für uns Motorradfahrer ein besonderer Leckerbissen. Die Abfahrt sollte man etwas ruhiger angehen, der Belag ist zwar teilweise neu, es liegt aber immer wieder sehr viel Streusplitt in den Kurven. Das könnte unangenehm werden.

Packer Stausee

Wieder zurück in **Deutschlandsberg** halten wir uns am Kreisverkehr links Richtung Graz. Über den idyllischen Ort **Rassach** führt uns die B76 durch das Schilcher Weinbaugebiet bis **Stainz**. Die Marktgemeinde (8.500 Einwohner) hat einige Sehenswürdigkeiten zu bieten. Neben dem lang gestreckten Marktplatz und dem Automobilmuseum gehören natürlich das **Schloss Stainz** und die anschließende Pfarrkirche zu den Hauptattraktionen. Das Schloss ist ein ehemaliges Augustiner-Chorherrenstift, das um 1229 gegründet wurde. Heute ist es im Besitz der Grafen von Meran, die Nachfahren von Erzherzog Johann sind, und beheimatet ein Landwirtschafts- und ein Jagdmuseum. Die **Pfarrkirche,** die ursprünglich als Stiftskirche gegründet wurde, zählt heute zu den schönsten Barockkirchen Österreichs.

Doch das Beste kommt zum Schluss: die **Sausaler Weinstraße.** Ein kulinarischer und landschaftlicher Höhepunkt! Los geht's in **St. Andrä im Sausal,** vorbei am riesigen **Klapotetz am Demmerkogel.** Wir tuckern sehr flüssig mal bergauf, dann wieder bergab mitten durch die Weingärten der traumhaften Hügellandschaft und lassen uns bei sensationeller Aussicht bis nach **Kitzeck** treiben.

Zahlreiche Buschenschenken und Einkehrmöglichkeiten säumen den Weg und laden zur Weinverkostung ein. Wir können nicht mehr widerstehen, darum gönnen wir uns inmitten der Weinberge eine zünftige Jause und ein Glas Wein, serviert von der Wirtin im originalen Dirndl, der Landestracht. Toskana-Flair gepaart mit steirischer Tradition und Gemütlichkeit – ein gelungener Abschluss einer besonders schönen Tour.

Buschenschenke

Eine Buschenschenke (auch Buschenschank genannt) ist ein bäuerliches Lokal, in dem hausgemachte Speisen angeboten sowie selbst hergestellter Wein, Most und Fruchtsäfte ausgeschenkt werden. Der Name stammt vom über dem Eingang angebrachten Buschen aus grünen Zweigen, der anzeigt, dass das Lokal geöffnet hat.

Kaiser Joseph II. schuf bereits 1784 die rechtliche Grundlage für Buschenschenken durch eine Zirkularverordnung. Mit diesem Zirkular erteilte er jedermann die Erlaubnis, die selbst erzeugten Lebensmittel, Wein und Obstmost zu allen Zeiten des Jahres wie, wann und zu welchem Preise er will zu verkaufen oder auszuschenken.

LAND & LEUTE

Sausaler Weinstraße

Aus dieser in der Vergangenheit sehr waldreichen Landschaft ist durch fleißige Bauern das Rebland des Sausals entstanden. Durch dieses faszinierende Weinland führt die Sausaler Weinstraße, im Sausaler Gebirge westlich von Leibnitz gelegen. Von einem Hügel zum anderen und von einem idyllischen Weinbauort zum nächsten besticht diese Weinstraße mit ihrer Schönheit. Von Kitzeck bis nach Leibnitz sind Weingärten und Kellerstöckel, so weit das Auge reicht, in malerisch hügeliger Landschaft verstreut. Sehenswert sind der höchste Punkt der Straße, die Aussichtswarte am Demmerkogel (671 m), sowie der bis 2010 weltgrößte Klapotetz mit einer Höhe von 16 m und einer Flügelspannweite von über 12 m (vgl. ➤ Tour 5). Doch nicht nur den Weinbau kann man hier begutachten, sondern auch eine Bierbrauerei in Flamberg und die Herstellung von Kürbispapier (*Kürbispapier-Manufaktur*) in Kitzeck. Weiters lohnt es sich, die Gegend zu Fuß zu erkunden, Hunderte von Wanderwegen laden dazu ein, sich die Füße zu vertreten.

Sausaler Weinstraße

Deutschlandsberg

Burg Deutschlandsberg

Die Bezirkshauptstadt Deutschlandsberg (372 m, 11.400 Einwohner) ist auch unter den Namen „Schilcherstadt" oder „Schilcherheimat" bekannt, da dieser Wein auf dem Boden der Region vorzüglich gedeihen kann. Die Stadt, die ihre Wurzeln schon in urgeschichtlicher Zeit schlug, ist heute eine der größten Städte der Südweststeiermark sowie kulturelles und wirtschaftliches Zentrum. Sehenswürdigkeiten: Burg Deutschlandsberg, Burgmuseum Archeo Norico, Stadtpfarrkirche, Hauptplatz mit geschichtsträchtigen Bauwerken.

Kitzeck im Sausal

Das gemütliche Örtchen Kitzeck im Sausal (564 m) ist der höchstgelegene Weinbauort in Mitteleuropa. Umgeben von romantischer Hügellandschaft, mitten im südsteirischen Weinland, kann man hier die Seele baumeln lassen. Auch Wissbegierige kommen auf ihre Kosten. Im 1. Steirischen Weinmuseum kann man in die Vergangenheit des Kitzecker Weinbaus blicken. Auf der Suche nach einzigartigen Fotos wird man am unweit

Kitzeck

gelegenen „Demmerkogel“ fündig. Bei klarem Wetter hat man einen wunderbaren Ausblick über die Südsteiermark bis nach Slowenien. Die vielseitige Farbenpracht rund um den kleinen Ort, die großartigen Weine und heimischen Spezialitäten sowie die Gastfreundlichkeit der Einheimischen machen einen Besuch in Kitzeck zu jeder Jahreszeit zum Erlebnis.

Spezialität

Der **Schilcher**, der Wein aus der Rebsorte „Blauer Wildbacher“, ist das Genuss-Wahrzeichen der Weinbauern in der Weststeiermark. Mit seiner Roséfarbe und Geschmacksvielfalt, von Erdbeere, Cassis, Himbeere, Blutorange über rote Ribisel, ist dieser Wein einmalig. Die besondere Rebe und der Wein stehen für Qualität. Laut Gesetz darf nur der Wein „Schilcher“ genannt werden, der zu 100% aus der „Blauen Wildbacher Rebe“ gekeltert wurde und ausschließlich in der Steiermark gewachsen ist. Die dunkelblauen Trauben mit hellem Fruchtfleisch werden schnell nach der Lese gerebelt, gepresst und eingekeltert, wodurch die typische Farbe und das feinzarte Bukett entsteht. Der Genuss dieses Weines ist für jedermann erschwinglich, besonders genießen lässt er sich aber in gemütlicher Runde in einem der vielen Kellerstöckel, die diese Gegend prägen.

INFORMATION

Tourismusverband „Die besten Lagen. Südsteiermark"
Sparkassenplatz 4a
8430 Leibnitz
Tel.: +43 (0)3452/76811
www.leibnitz.info

Tourismusverband Schilcherland
Hauptplatz 34
8530 Deutschlandsberg
Tel.: +43 (0)3462/7520
www.schilcherheimat.at

Tourismusverband Stainz
Rathausplatz 4
8510 Stainz
Tel.: +43 (0)3463/4518
www.schilcherland.com

Tourismusverein Kitzeck im Sausal
Steinriegel 15
8442 Kitzeck im Sausal
Tel.: +43 (0)3456/3500
www.kitzeck-sausal.at

Unterkunft

Hotel Restaurant Römerhof
Marburgerstraße 1
8430 Leibnitz
Tel.: +43 (0)3452/82419
www.hotel-roemerhof.info

Gasthof Sulmwirt
Aflenzerstraße 1
8435 Wagna
Tel.: +43 (0)3452/82355
www.sulmwirt.at

Hotel Restaurant Steirerland
Sausal 10
8442 Kitzeck im Sausal
Tel.: +43 (0)3456/2328
www.steirerland.co.at

Restaurant Komfortzimmer Wohlmuth-Lückl
Steinriegel 77
8442 Kitzeck im Sausal
Tel.: +43 (0)660/8911911
www.wohlmuth-lueckl.at

Kirchenwirt
Ulrichsberg 10
8530 Deutschlandsberg
Tel.: +43 (0)3462/2060
www.kirchenwirt-kosjak.at

Camping

Campingplatz Leibnitz
Rudolf-Hans-Bartsch-Gasse 33
8430 Leibnitz
Tel.: +43 (0)3452/8242330
www.camping-steiermark.at

Camping Sulmsee
Seggauberg 184
8430 Seggauberg
Tel.: +43 (0)3452/82866
www.sulmsee.at

Camping Piberstein
Am See 1
8591 Maria Lankowitz
Tel.: +43 (0)3144/7095910
www.piberstein.at

Campingplatz Pack
8583 Pack
Tel.: +43 (0)3146/8491

TOUR 5

SÜDSTEIRISCHE WEINSTRASSE

TOURINFO

Länge:	**221 km**	**Fahrspaß:**	**++**
Fahrzeit:	**4,5 h**	**Natur:**	**+++**
Schwierigkeit:	**leicht**	**Kultur:**	**+**

Route

Leibnitz ➤ 12 km ➤ **Großklein** ➤ 14 km ➤ **Leutschach** ➤ 11 km ➤ **Gamlitz** ➤ 12 km ➤ **Šentilj** ➤ 15 km ➤ **Maribor** ➤ 43 km ➤ **Radlje** ➤ 17 km ➤ **Dravograd** ➤ 26 km ➤ **Soboth** ➤ 20 km ➤ **Eibiswald** ➤ 19 km ➤ **Leutschach** ➤ 3 km ➤ **Glanz** ➤ 10 km ➤ **Ratsch** ➤ 7 km ➤ **Spielfeld** ➤ 12 km ➤ **Leibnitz**

Pässe & Bergstraßen

Soboth Pass (1.347 m)

GPS-Koordinaten

Schloss Seggau	N 46° 46.909	E 15° 31.403
Marktplatz Ehrenhausen	N 46° 43.544	E 15° 35.097
Stausee Soboth	N 46° 40.664	E 15° 2.338
Größte Weintraube der Welt am Eorykogel	N 46° 39.158	E 15° 30.758
Bikerlokal „Route 69“	N 46° 40.211	E 15° 26.319

Für die zweite Tour in der Südsteiermark nehmen wir die Südsteirische Weinstraße, die wohl bekannteste und schönste Weinstraße Österreichs, unter die Räder. Sie ist das ganze Jahr über eine Reise wert, besonders aber im Herbst, wenn sich die Blätter der Weinstöcke verfärben und zahlreiche Sturm- und Kastanienverkaufsstände am Straßenrand zur Verköstigung einladen.

Auch für diese Tour verlassen wir **Leibnitz** vorbei am **Schloss Seggau** (➤ Tour 4), biegen aber in **Heimschuh** links ab und lassen uns über **Großklein** und **Arnfels** bis nach **Leutschach** treiben. Leutschach ist neben Gamlitz und Ehrenhausen einer der drei bekanntesten Weinbauorte am Fuße der **Südsteirischen Weinstraße.** Die kleine Gemeinde betreibt neben dem Weinbau auch den größten Hopfenanbau der Südsteiermark.

Ein paar Schwünge bergauf und wieder bergab und schon sind wir in **Gamlitz**, der mit ca. 400 ha Weinbaufläche größten weinbaubetreibenden Gemeinde der Steiermark. Der belebte, mit Blumen liebevoll dekorierte Marktplatz strahlt ein besonderes Flair aus. Die zahlreichen Gastgärten lassen erkennen, dass Gamlitz das touristische Zentrum der Region ist.

Nur 3 km weiter kommen wir nach **Ehrenhausen** (1.000 Einwohner). Am Marktplatz machen wir unseren ersten Stopp dieser Tour. Eine gute Wahl, denn hier kann man vom Gastgarten aus die drei Sehenswürdigkeiten des

Ortes bestaunen: die 1752 erbaute **Wallfahrtskirche „Schmerzhafte Mutter Maria"** und das auf einem Hügel erbaute **Schloss** samt **Mausoleum**. Nach einer kurzen Besichtigung verlassen wir Österreich über **Spielfeld** nach Slowenien.

Ehrenhausen

Entlang der Drau

Grenzkontrolle gibt es keine mehr, trotzdem sollte man den Reisepass mitführen. Über **Šentilj** kommen wir nach **Maribor**, der mit rund 95.000 Einwohnern zweitgrößten Stadt Sloweniens. Wir halten uns Richtung Dravograd und versuchen so schnell wie möglich dem innerstädtischen Verkehr zu entkommen. Ein paar Kilometer hinter Maribor wird der Verkehr weniger und die Kurven werden wieder häufiger. Gemütlich cruisen wir die nächsten 60 km entlang der grünen Drau bis nach **Dravograd**.

All jene, die die heutige Tour abkürzen möchten, um sich mehr Zeit für die Südsteirische Weinstraße zu nehmen, haben in **Radlje ob Dravi** die Möglichkeit dazu. Der 670 m hohe **Radlpass** Richtung Eibiswald ist zwar schön zu fahren, aber nicht ansatzweise mit der spektakulären Soboth zu vergleichen.

Wir lassen uns für die komplette Tour diesen Spaß also nicht entgehen und tuckern über

die Staatsgrenze ins kärntnerische **Lavamünd**. Kurz nach der Ortseinfahrt geht es auch schon rechts weg auf den mit 1.347 m nicht sehr hohen, aber umso schöneren **Soboth Pass**. Die 39 km zwischen Lavamünd und Eibiswald sind der reinste Fahrspaß und bieten alles, wovon Kurvenjunkies die ganze Nacht lang träumen. Besonders die Auffahrt ist eindrucksvoll, Kurve um Kurve schraubt sich das griffige Asphaltband in die Höhe. Am höchsten Punkt befindet sich in einer Rechtskurve eine kleine Imbissbude, der *Bikertreff Kärntnerblick*. Bei gutem Wetter reihen sich hier die Motorräder aneinander. Spannend ist auch die Abfahrt bis ins Tal, anspruchsvolle Kurvenradien wechseln sich mit langen Geraden ab. Um einen kühlen Kopf zu bewahren, machen wir am **Stausee** einen kurzen Badestopp und wagen den Sprung ins kalte Nass. Die Soboth ist eine der beliebtesten Motorradstrecken in Kärnten und der Steiermark. Vor allem am Wochenende geht es hier zu wie auf der Rennstrecke. Das hat sich natürlich auch schon bis zur Polizei herumgesprochen, die hier sehr häufig kontrollierend anzutreffen ist.

Die südsteirische Grenzstraße B69 bringt uns von **Eibiswald** über **Arnfels** wieder zurück ins südsteirische Weinland. Mein Tipp: Kurz vor Leutschach findet man auf der linken Straßenseite das *Route 69*, eines der beliebtesten Bikerlokale der Steiermark. Es ist immer einen Besuch wert. Zum zweiten Mal in **Leutschach** angekommen, biegen wir dieses Mal rechts ab und kommen endlich zum Highlight dieser Tour durch die Südsteiermark: Wir tauchen ein in die unfassbare Schönheit und Vielfalt der **Südsteirischen Weinstraße**.

Mit staunenden Blicken streifen wir durch die bezaubernde Weinlandschaft. So weit das Auge reicht, schmiegen sich die Weingärten an die

sanften Hänge des Hügellandes. Verschiedenste Rebsorten reifen zu Qualitätsweinen. Die Weinstraße führt uns von **Leutschach** aus 20 km über **Glanz** und **Ratsch** nach **Spielfeld**. Wir versuchen der Beschilderung zu folgen, was bei den vielen Ausblickspunkten nicht immer leicht ist. Aber keine Angst – zur Zeit der Weinlese, wenn die tief stehende Nachmittagssonne die Blätter der Weinreben langsam in herbstliche Farben taucht, ist es hier überall gleich schön. Das sind Eindrücke, die man sein ganzes Leben nicht vergessen wird!
Leider geht es sich aber bestimmt nicht aus, dass man aus jedem Weingut den begehrten Rebensaft kostet. Für mindestens zwei bis drei Verkostungen sollten sich zumindest die Mitfahrer aber unbedingt Zeit nehmen. Denn die edelsten und bekanntesten Tropfen der Steiermark kommen aus dieser Region. Einmal hier gewesen, kommt man bestimmt wieder.

Klapotetz

Im südsteirischen Weinland ist er in fast jedem Weingarten zu finden: Der Klapotetz ist eine Vogelscheuche, die mit rhythmischem Geklapper die Vögel zur Traubenreife aus den Weinhängen verscheuchen soll. Er besteht aus einem Windrad mit acht Flügeln, einer Welle und Klöppeln. Der weltweit größte Klapotetz steht aber nicht in einem Weingarten, sondern im kleinen Ort Schloßberg. Er hat eine Höhe von 19 m und ein Gewicht von 25 t.

LAND & LEUTE

Südsteirische Weinstraße

Die Südsteirische Weinstraße ist die bekannteste und älteste Weinstraße in der Steiermark, sie verläuft entlang der Grenze zu Slowenien. Im Naturpark Südsteirisches Weinland gedeihen aufgrund der traditionellen Bearbeitung ausgezeichnete Weiß-, aber auch Rotweine. Entlang der gut beschilderten Straße durch den Naturpark finden sich nicht nur unzählige Gastronomiebetriebe, wie gemütliche Buschenschenken oder Weingüter, sondern auch zahlreiche Aussichtspunkte, von denen man wunderbare Rundumblicke hat, z. B. an der größten Weintraube der Welt am Eorykogel oder auf der Schlossbergwarte am Montikogel.

Leibnitz

Die südsteirische Bezirkshauptstadt Leibnitz (275 m, 11.600 Einwohner) beginnt mit ihrer Besiedelungsgeschichte schon in der Jungsteinzeit. Nach einigen Machtwechseln vergangener Zeiten, in denen auch die Burg Leibnitz (12. Jhdt., heute Schloss Seggau) und andere Sehenswürdigkeiten entstanden, ist sie heute kultureller und wirtschaftlicher Mittelpunkt der Südsteiermark. Leibnitz liegt in malerischer Umgebung und ist für den Weinbau bekannt. Gemütliche Straßencafés, Gaststätten und Restaurants haben ein reichhaltiges Angebot an steirischen Weinen. Sehenswürdigkeiten in und um Leibnitz: Flavia Solva (Römermuseum), Römerhöhle Aflenz, Tempelmuseum Frauenberg, Schloss Seggau.

Gamlitz

Die größte Weinbaugemeinde der Steiermark liegt im sanft hügeligen südsteirischen Weinland (278 m). Der Ort und seine Umgebung beeindrucken mit ihrer Vielfältigkeit: Im Naturpark gelegen, wechseln sich Wälder, Weingärten, Wiesen und Weiden ab. Mit bodenständiger Gastronomie, Sehenswürdigkeiten (Schloss Gamlitz) und einem vollen Veranstaltungskalender lädt der kleine Ort zu einer kleinen Pause ein.

Spezialität

Heiße Kastanien, sprich **Maroni**, und kühler **Sturm** (in Gärung befindlicher Traubenmost) sind Spezialitäten, die man in der südsteirischen Weingegend gerne genießt. Während die Edelkastanie (ein Buchengewächs mit Nussfrüchten) von Oktober bis in den März hinein Saison hat, gibt es den fruchtig prickelnden Sturm nur wenige Wochen lang (September bis November). Weißer und roter Sturm sind in ganz Österreich verbreitet, der Schilchersturm hingegen ist eine echte steirische Spezialität, die aus der „Blauen Wildbacher Traube“ gewonnen wird.

INFORMATION

Tourismusverband „Die besten Lagen. Südsteiermark"
Sparkassenplatz 4a
8430 Leibnitz
Tel.: +43 (0)3452/76811
www.leibnitz.info

Tourismusverband Gamlitz
Marktplatz 41
8462 Gamlitz
Tel.: +43 (0)3453/3922
www.gamlitz.at

Tourismusverband Die Süd-steirische Weinstraße
Arnfelserstraße 10
8463 Leutschach
Tel.: +43 (0)3454/707010
www.suedsteirischeweinstrasse.at

Informationsbüro Eibiswald
8552 Eibiswald 82
Tel.: +43 (0)3466/43256
www.suedweststeiermark.at

Unterkunft

Hotel Lang
Bahnhofstraße 22
8430 Leibnitz
Tel.: +43 (0)3452/82552
www.hotel-lang.at

Wratschko – Landgasthof Hotel am Marktplatz
Marktplatz 9
8462 Gamlitz
Tel.: +43 (0)3453/2647
www.wratschko.at

Weingasthof Sabathihof
Rebenweg 142
8463 Glanz/Weinstraße
Tel.: +43 (0)3454/495
www.sabathihof.com

Ratscher Landhaus
Ottenberg 35
8461 Ratsch/Weinstraße
Tel.: +43 (0)3453/23130
www.ratscher-landhaus.at

Weingut Schwarzl
Ottenberg 32
8461 Ratsch/Weinstraße
Tel.: +43 (0)3453/2820
www.weingutschwarzl.at

Weingut Tschermonegg
8463 Glanz an der Weinstraße 50
Tel.: +43 (0)3454/326
www.tschermonegg.at

Camping

Campingplatz Leibnitz
Rudolf-Hans-Bartsch-Gasse 33
8430 Leibnitz
Tel.: +43 (0)3452/82423-30
www.camping-steiermark.at

Camping Sulmsee
Seggauberg 184
8430 Seggauberg
Tel.: +43 (0)3452/82866
www.sulmsee.at

Weinland Camping
Gleinstätten 230
8443 Gleinstätten
Tel.: +43 (0)3457/3344
www.weinland-camping.at

TOUR 6

IM LAND DER BURGEN

TOURINFO

Länge:	243 km	**Fahrspaß:**	++
Fahrzeit:	4,5–5 h	**Natur:**	++
Schwierigkeit:	leicht	**Kultur:**	+++

Route

Bad Waltersdorf ➤ 8 km ➤ **Bad Blumau** ➤ 9 km ➤ **Fürstenfeld** ➤ 22 km ➤ **Fehring** ➤ 8 km ➤ **Kapfenstein** ➤ 26 km ➤ **Jennersdorf** ➤ 25 km ➤ **Güssing** ➤ 50 km ➤ **Rechnitz** ➤ 18 km ➤ **Lockenhaus** ➤ 16 km ➤ **Bernstein** ➤ 14 km ➤ **Stadt Schlaining** ➤ 28 km ➤ **Stegersbach** ➤ 19 km ➤ **Bad Waltersdorf**

Pässe & Bergstraßen

Geschriebenstein (884 m)

GPS-Koordinaten

Hundertwasser Therme Bad Blumau	N 47° 7.519	E 16° 3.082
Schloss Kapfenstein	N 46° 53.436	E 15° 58.619
Burg Güssing, Parkplatz	N 47° 3.365	E 16° 19.457
Aussichtspunkt bei Bernstein	N 47° 24.501	E 16° 16.258
Burg Schlaining	N 47° 19.352	E 16° 16.744

Diese Tour führt uns ins oststeirische Thermenland und ins wunderschöne Südburgenland. Wir kommen an einigen erholsamen Thermen vorbei, besichtigen die Schlösserstraße mit ihren eindrucksvollen Schlössern und Burgen, machen an der südburgenländischen Weinstraße Rast und überqueren den Geschriebenstein.

Wir starten nach einem ausgiebigen Frühstück im Thermenort **Bad Waltersdorf** und fahren am Golfplatz vorbei Richtung Fürstenfeld. Nur wenige Kilometer später erblicken wir die einzigartige **Hundertwassertherme** in **Bad Blumau.** Das bewohnbare Kunstwerk mit seinen begrünten Dächern, runden Formen, bunten Farben und goldenen Kuppeln lädt zu einem Foto-Stopp ein.

Schloss Kapfenstein

Weiter geht es über **Fürstenfeld** und **Fehring,** immer wieder mit tollen Blicken auf die auf einem Vulkanfelsen erbaute Riegersburg, Richtung Bad Radkersburg. Dieses kurvige, sehr abwechslungsreiche Asphaltband führt uns in den kleinen Ort **Kapfenstein.** Hier sollte man unbedingt zum **Schloss Kapfenstein** hinauffahren, um auf der Terrasse einen Kaffee und den

Friedensreich Hundertwasser

Er zählt zu den größten Künstlern Österreichs, war Maler, Architekt, Ökologe, Philosoph und wurde 1928 in Wien als Friedrich Stowasser geboren, änderte aber seinen Namen 1949 in Friedensreich Hundertwasser. Zahlreiche Auslandsreisen und seine Liebe zur Natur prägten seine Werke. Er gestaltete unzählige Bauwerke in verschiedenen Ländern der Welt, u. a. das Hundertwasserhaus und das Kunsthaus in Wien, die Sankt-Barbara-Kirche in Bärnbach sowie das Rogner Bad Blumau. Seine einzigartigen Gebäude sind von unglaublicher Formenvielfalt und Farbenpracht geprägt. Hundertwasser starb im Jahr 2000 auf der Heimreise von seiner Wahlheimat Neuseeland an Herzversagen.

Ausblick auf das **Vulkanland** zu genießen. Das Schloss, das bereits im Jahr 1065 erstmals urkundlich erwähnt wurde, wurde auf einem erloschenen Vulkankegel über dem kleinen Ort erbaut. Es ist von Weingärten umgeben und fügt sich traumhaft in die hügelige Landschaft ein. Heute ist das Schloss ein Weingut, es werden Kellerführungen und Weinverkostungen angeboten. Nach einer kleinen Stärkung führt uns die etwas einsame L256 über **Neuhaus am Klausenbach** teilweise direkt an der Grenze zu Slowenien nach **Jennersdorf**. Über den idyllischen Ort **Moggersdorf** und **Heiligenkreuz** kommen wir nach **Güssing**, ein Highlight dieser Tour. Die geschichtsträchtige Bezirksstadt ist das kulturelle Zentrum des Südburgenlandes mit zahlreichen Sehenswürdigkeiten wie der Burgruine, dem Burgmuseum, dem Franziskanerkloster und der Jakobikirche. Die **Burg Güssing**, die älteste im Burgenland, thront über der Stadt. Sie wurde 1157 als Wehranlage mit einem Benediktinerkloster auf einem längst erloschenen Vulkan errichtet. Heute beherbergt sie ein Burgmuseum und ein Restaurant. Erreichen kann man die Burg zu Fuß oder über einen Schrägaufzug vom beschilderten Parkplatz aus. Eine Besichtigung lohnt sich auf jeden Fall!

Auf der **südburgenländischen Weinstraße** geht es weiter Richtung Rechnitz. Vorbei an **Moschendorf**, bekannt für den Weinbau und das sehenswerte Freilicht-/Weinmuseum, führt uns die B56 auf langen Geraden, lang gezogenen Kurven und immer wieder mit herrlichen Blicken auf die Weingärten und deren Kellerstöckel nach **Eisenberg**. Der Eisenberg ist wohl der schönste und bekannteste Weinberg im Südburgenland. Hier kann man sich in zahlreichen Buschenschenken und Vinotheken verköstigen lassen.

Burg Güssing

Ritterburg Lockenhaus

Ein paar Minuten später sind wir in **Rechnitz** am Fuß des **Naturparks Geschriebenstein** angekommen. Die 18 km lange Strecke über den Geschriebenstein, mit 884 m der höchste Berg im Burgenland, ist der reinste Wahnsinn. Kurven, Kurven und nochmals Kurven. Wer vorher noch eine Abkühlung braucht, kann in den liebevoll angelegten Badesee von Rechnitz hüpfen. Die Passhöhe ist unscheinbar, und wenn man nicht aufpasst, fährt man daran vorbei. Vom Parkplatz aus führt ein Wanderweg in ca. 10 Minuten zu einer tollen Aussichtswarte. In **Lockenhaus** angekommen, würde man am liebsten wieder zurück und das Ganze noch einmal fahren. Wenn es die Zeit zulässt, warum auch nicht? In Lockenhaus steht die letzte echte **Ritterburg** Österreichs. Die etwa im Jahr 1200 über dem Tal der Güns erbau-

Burg Schlaining

te Burg soll im 13. Jahrhundert Unterschlupf der Tempelritter gewesen sein.

Stadtschlaining

Circa 500 m vor Bernstein weist ein Schild auf einen Parkplatz mit Panoramablick hin. Hier sollte man unbedingt Rast machen und die Ausblicke auf die **Burg Bernstein** sowie in die Oststeiermark genießen. **Bernstein** (619 m, 2.200 Einwohner) erhielt seinen Namen von der Bernsteinstraße, von der ein Seitenarm als „Via Magna" im Tauchental vorbeiführte. Bekannt wurde er als weltweit einziger Fundort des hell- bis dunkelgrünen Edelserpentins, der hier zu Schmuck und Kunstgegenständen verarbeitet wird. Im **Felsenmuseum** kann man sich über Entstehung, Gewinnung, Verarbeitung bis hin zur Fertigstellung von Kunstwerken informieren. An der zweiten Kreuzung hinter Bernstein fahren wir zuerst nach rechts in das kleine Örtchen **Mariasdorf** und besichtigen die imposante spätgotische Kirche zu Maria Himmelfahrt. Danach fahren wir links nach **Stadtschlaining**. Die im 12./13. Jahrhundert erbaute **Burg Schlaining** ist die letzte der heutigen Tour. Wer Lust hat, kann im Museum verschiedene Ausstellungen besichtigen, u. a. das *Europäische Museum für Frieden*. Wer keine Lust hat, kann in einem der einladenden Gastgärten die Nachmittagssonne genießen. Nach einer ausgiebigen Pause geht es gemütlich über **Oberwart** und **Stegersbach**, vorbei an der Therme und Österreichs größter Golfschaukel, zurück nach **Bad Waltersdorf**.

LAND & LEUTE

Bad Waltersdorf

Eingebettet im oststeirischen Hügelland liegt die Marktgemeinde Bad Waltersdorf (291 m, 3.700 Einwohner). Der freundliche Kurort ist ein Aushängeschild des steirischen Tourismus: Den Besucher erwarten zwei unterschiedlich gestaltete Thermen (Heil- bzw. Erlebnistherme), ein Freibad, ein Golfplatz, ein römerzeitliches Museum sowie verschiedenste Gastronomiebetriebe. Unterkünfte sind in allen Kategorien vom Campingplatz bis zum 5-Sterne-Wellnesshotel vorhanden.

Fürstenfeld

Fürstenfeld (276 m, 8.400 Einwohner) mitten im steirischen Thermenland wurde erstmals 1183 urkundlich erwähnt und war lange Zeit eine begehrte, viel umkämpfte Grenzstadt. Im Stadtkern lassen zahlreiche Bauten aus vergangener Zeit die Geschichte der Stadt lebendig werden. Sehenswert sind der Hauptplatz, das Kruzitürken- und Tabakmuseum in der Pfeilburg, die Stadtpfarrkirche zum hl. Johannes dem Täufer, die Augustiner-Eremiten-Kirche sowie die Reste der alten Befestigungsanlage rund um die Stadt. Die Innenstadt lädt zum Bummeln und Flanieren ein, das Freibad verspricht Abkühlung und Badespaß.

Die steirische Thermenregion

Der gesundheitliche Segen des **Thermalwassers** wurde erst spät wissenschaftlich untersucht, obwohl die Heilwasserquellen bereits zu den Zeiten der Römer beliebt waren. Schon damals genossen die Menschen die wohltuende Kraft des Wassers. Die Quellen des steirischen Thermalwassers liegen in unterschiedlicher Tiefe und weisen verschiedene Austrittstemperaturen auf. Thermalwasserquellen können eine Temperatur von über 100° C erreichen. Zu den heißesten bekannten Quellen zählen Bad Blumau (Tiefe der Bohrung: ca. 2.800 m, 110° C) und Bad Radkersburg (Tiefe der Bohrung: ca. 2.000 m, 80° C). Auch die Zusammensetzung des Wassers variiert von Quelle zu Quelle. Hauptbestandteile sind u. a. Calcium, Magnesium, Natrium und Hydrogencarbonat. Durch die natürliche Anreicherung des Thermalwassers mit Mineralien sind positive Auswirkungen zu beobachten. Muskelverspannungen, Rheuma, Haut-, Herz-Kreislauf-, Gelenk-, Wirbelsäulenerkrankungen etc. werden bei Therapie mit Thermalwasser gelindert.

Bad Blumau

Weinbaugebiet Eisenberg

Abstecher ins Südburgenland

Das Südburgenland mit mehr als 300 Sonnentagen im Jahr ist ein perfektes Urlaubsgebiet für Genießer. Naturliebhaber kommen genauso auf ihre Kosten wie Kunst- und Kulturbegeisterte. Für Feinschmecker und Weinliebhaber hält das kleinste Weinbaugebiet des Burgenlandes mit seinen Buschenschenken, Vinotheken und Restaurants traditionelle Gerichte aus der Region bereit. Für Entspannung und Erholung sorgen die Thermen und Badeseen.

Spezialität

Der **Uhudler** ist die Spezialität aus dem Südburgenland. Der Wein, der von amerikanischen Reben abstammt, ist ein Direktträger und äußerst resistent gegen die Reblaus, weshalb kein chemischer Pflanzenschutz notwendig ist. Uhudler ist ein reines Naturprodukt. Geschmacklich erinnert er an Erdbeeren oder schwarze Ribiseln. Die Bezeichnung ist markenrechtlich geschützt und darf ausschließlich für Weine aus dem Südburgenland verwendet werden, die einer strengen Prüfung unterzogen wurden. Die beliebtesten Weinreben heißen Concord, Isabella, Elvira, Clinton, Noah und Ripadella. Den Namen „Uhudler" erhielt der Wein von den Frauen der Weinbauern, weil deren Gesichtsausdruck nach übermäßigem Genuss einem „Uhu" glich.

Rogner Bad Blumau

INFORMATION

Tourismusverband Bad Blumau
8283 Bad Blumau 113
Tel.: +43 (0)3383/2377
www.bad-blumau.com

Stegersbach Tourismus
Thermenstraße 12
7551 Stegersbach
Tel.: +43 (0)3326/52052
www.stegersbach.at

Tourismusbüro Güssing
Hauptplatz 7
7540 Güssing
Tel.: +43 (0)3322/44003
www.guessing.co.at

Infobüro Stadtschlaining
Baumkircher Gasse 1
7461 Stadtschlaining
Tel.: +43 (0)3355/2201-30
www.stadtschlaining.at

Burgen & Schlösser

www.schloss-kapfenstein.at
www.burgguessing.info
www.ritterburg.at
www.burgbernstein.at
www.friedensburg.at

Unterkunft

Hotel Restaurant Fischer
Hauptplatz 58
8271 Bad Waltersdorf
Tel.: +43 (0)3333/2273
www.hotel-fischer.at

Hotel Garni Kepperhof
Leitersdorfweg 87
8271 Wagerberg
Tel.: +43 (0)3333/3550
www.kepper.at

Hotel Garni Thermenoase
Hauptstraße 6
8283 Bad Blumau
Tel.: +43 (0)3383/2660
www.thermenoase.at

Gasthof Restaurant Janits
Herrengasse 17
8291 Burgau
Tel.: +43 (0)3383/2221
www.janits.at

Camping

Thermenland Camping Fürstenfeld
Campingweg 1
8280 Fürstenfeld
Tel.: +43 (0)664/1799393
www.camping-fuerstenfeld.at

Thermenland Camping Bad Waltersdorf
Campingweg 316
8271 Bad Waltersdorf
Tel.: +43 (0)3333/41424
www.camping-bad-waltersdorf.at

Schlosscamping Burgau
Schlossweg 296
8291 Burgau
Tel.: +43 (0)3383/2222
www.schlosscamping.at

Campingplatz Jennersdorf
Freizeitzentrum 3
8380 Jennersdorf
Tel.: +43 (0)3329/46133
www.camping-jennersdorf.at

Thermen

Heiltherme Bad Waltersdorf
Thermenstraße 111
8271 Bad Waltersdorf
Tel.: +43 (0)3333/500-1
www.heiltherme.at

H2O-Hotel-Therme-Resort
Sebersdorf 300
8271 Bad Waltersdorf
Tel.: +43 (0)3333/22144
www.hoteltherme.at

Rogner Bad Blumau
Bad Blumau 100
8283 Bad Blumau
Tel.: +43 (0)3383/5100-0
www.blumau.com

Therme Loipersdorf
Loipersdorf 152
8282 Loipersdorf
Tel.: +43 (0)3382/82040
www.therme.at

Allegria Familientherme Stegersbach
Golfstraße 1
7551 Stegersbach
Tel.: +43 (0)3326/500
www.allegria-resort.com

Avita Therme Bad Tatzmannsdorf
Thermenplatz 1
7431 Bad Tatzmannsdorf
Tel.: +43 (0)3353/89900
www.avita.at

TOUR 7

GEMÜTLICH DURCH DIE SÜDOST-STEIERMARK

TOURINFO

Länge:	280 km	Fahrspaß:	++
Fahrzeit:	5 h	Natur:	++
Schwierigkeit:	leicht	Kultur:	++

Route

Bad Waltersdorf ➤ 15 km ➤ **Hartberg** ➤ 24 km ➤ **Pöllau** ➤ 15 km ➤ **Stubenberg am See** ➤ 23 km ➤ **Weiz** ➤ 31 km ➤ **Laßnitzhöhe** ➤ 19 km ➤ **Studenzen** ➤ 26 km ➤ **St. Stefan i. R.** ➤ 19 km ➤ **Bad Gleichenberg** ➤ 8 km ➤ **Straden** ➤ 19 km ➤ **Bad Radkersburg** ➤ 18 km ➤ **St. Anna am Aigen** ➤ 26 km ➤ **Feldbach** ➤ 10 km ➤ **Riegersburg** ➤ 12 km ➤ **Ilz** ➤ 15 km ➤ **Bad Waltersdorf**

Pässe & Bergstraßen

Masen Bergweg (1.110 m), Rabenwaldstraße (1.033 m)

GPS-Koordinaten

Hauptplatz Hartberg	N 47° 16.876	E 15° 58.147
Wallfahrtskirche Pöllauberg	N 47° 18.901	E 15° 51.455
Haus des Apfels, Puch bei Weiz	N 47° 14.371	E 15° 43.066
Styrassic Park Bad Gleichenberg	N 46° 53.444	E 15° 53.125
Riegersburg, Parkplatz	N 47° 0.383	E 15° 56.006
Hauptplatz Bad Radkersburg	N 46° 41.258	E 15° 59.259

Vom steirischen Thermenland aus steht als zweite eine gemütliche Tour durch die Südoststeiermark auf dem Programm. „Von allem etwas" lautet heute das Motto.

Das erste Ziel ist die geschichtsträchtige Stadt **Hartberg**, die 1122 am Fuße des Ringkogels gegründet wurde und heute zu den besterhaltenen Altstädten der Steiermark zählt. Besonders der wunderschön angelegte Hauptplatz mit der Stadtpfarrkirche, dem Rathaus und der Mariensäule beeindruckt uns. Bei entspannter Atmosphäre, blauem Himmel und angenehmer Morgentemperatur schlürfen wir unseren ersten Kaffee des heutigen Tages mitten am Hauptplatz.

Blick auf Pöllauberg

Dann geht es hinauf auf den **Ringkogel** (789 m). Die Ringwarte, ein Aussichtsturm, bietet einen herrlichen Rundblick über das Oststeirische Hügelland. Über den **Masenberg** (1.261 m) fah-

ren wir hinunter in den **Naturpark Pöllauer Tal.** Ein Stopp im Wallfahrts- und Blumendorf **Pöllauberg** ist Pflicht. Die am Beginn des 13. Jahrhunderts erbaute **Wallfahrtskirche Maria Pöllauberg** zählt zu den bedeutendsten Pilgerstätten der Steiermark, die jährlich rund 100.000 Gläubige besuchen. Durch die außergewöhnliche Lage des Ortes wird Pöllauberg auch als „Sonnen- und Aussichtsterrasse der Oststeiermark" bezeichnet. Der Blick reicht über das Oststeirische Hügelland bis nach Slowenien und Ungarn.

Über **Pöllau** und den **Rabenwaldkogel** (1.280 m) führt uns eine abwechslungsreiche Straße dann nach **Stubenberg am See.** Die Region um Stubenberg hat zahlreiche Attraktionen zu bieten: Neben dem 40 ha großen Badesee mit Sport- und Freizeitpark gehören der **Tierpark** und das **Schloss Herberstein** zu beliebten

Ringkogel

Apfelstraße

Ausflugszielen. Weiter geht es auf den **Kulm** (975 m), von wo man einen tollen Blick auf den See hat.

Vorbei am Keltendorf halten wir uns Richtung Puch bei Weiz und tauchen in das größte Obstbaugebiet Österreichs ein, das **Apfelland Stubenbergsee**. Im Frühling zur Blütezeit ist es hier besonders schön, denn dann verwandelt sich das Apfelland in ein Meer aus hellrosa und weißen Blüten. Im Apfeldorf **Puch** beginnt die Steirische Apfelstraße, diese führt uns zum **Haus des Apfels.** Nach einer kurzen Besichtigung des Obstbaumuseums geht es weiter Richtung Weiz. Zur Blütezeit sollte man unbedingt die ganzen 25 km der beschilderten Apfelstraße unter die Räder nehmen, um diese Blütenpracht zu genießen.

Auf den letzten zurückgelegten 50 km von Hartberg bis ins steirische Apfelland geht es auf schmalen, kurvigen, sehr anspruchsvollen Straßen bergauf und bergab. Dann kommen wir aber wieder auf die Bundesstraße, es geht recht zügig vorbei an **Weiz**, Richtung Graz. Immer den **Schöckl** mit seinen 1.445 m im Visier, verlassen wir die B72 und kommen über **Eggersdorf** nach **Laßnitzhöhe,** einen bekannten Kurort. Gemütlich folgen wir dem kurvigen Asphaltband durch die grünen Mischwälder des Hügellandes über Studenzen, Paldau und St. Stefan i. R. nach **Bad Gleichenberg**. Der bekannte Thermenort beheimatet eine besondere Attraktion: den **Styrassic Park**, einen im

Weinbaugebiet Klöch

Wald angelegten Park, in dem über 85 Dinosaurier in Originalgröße aufgestellt wurden.

Nun ist es Zeit, sich zu fragen, ob man noch die 60 km über Bad Radkersburg in Angriff nimmt oder sich in Richtung Norden verabschiedet. Denn dort wartet die Riegersburg, ein Highlight dieser Tour. Diejenigen, die früh aufgestanden sind und noch Zeit haben, sollten den Abstecher in den Süden in Angriff nehmen. Nur 10 km nach Bad Gleichenberg kommen wir in den auf einem Hügel erbauten Wallfahrts- und Weinbauort **Straden**. Schon von Weitem zu sehen, beeindruckt der Ort mit seinen vier Kirchen, drei Kirchtürmen und der tollen Aussicht. Wer schon hier in der Gegend ist, sollte dem *Bulldogwirt* in **Hof bei Straden** einen Besuch abstatten. Das „Museum nostalgisches Landleben", das von der vierzigjährigen Sammelleidenschaft des Wirten zeugt und rund um das Wirtshaus liebevoll angelegt wurde, bietet ein tolles Ambiente zum Schmunzeln und Staunen.

Auf langen Geraden geht es weiter nach **Bad Radkersburg**. Die heutige Thermenstadt wurde 1182 erstmalig urkundlich erwähnt, liegt direkt an der Grenze zu Slowenien und hat eine bewegte Geschichte zu erzählen, wovon man sich in der von alten Mauern umgebenen Innenstadt überzeugen kann.

Die Straße wird kurviger, die Landschaft wieder hügeliger. Entspannt cruisen wir durch die Weinbaugebiete **Klöch** und **St. Anna am Aigen** zurück nach **Bad Gleichenberg**. Weinliebhaber sollten hier unbedingt einen Stopp einlegen. Nun aber kommen wir zum Höhepunkt dieser Tour. Die traumhaft zu fahrende Straße mit genialen Kurvenkombinationen, die mächtige **Riegersburg** und die wunderschöne Rundumsicht verdienen das Prädikat

Die Riegersburg

Imposant, mächtig, uneinnehmbar thront die **Riegersburg** auf dem 482 m hohen Vulkanfelsen über dem Ort. Im Jahre 1138 erstmals urkundlich erwähnt, geht die Besiedelung des Vulkanberges viel weiter zurück. Nach zahlreichen Besitzwechseln im Laufe der Zeit ist die Riegersburg seit 1822 im Besitz der fürstlichen Familie Liechtenstein, die sehr um die Erhaltung der Anlage bemüht ist. Eine prägende Zeit war das 17. Jahrhundert: Katharina Elisabeth von Galler erbte 1648 die Burganlage. Die „Gallerin", wie sie genannt wurde, ließ wegen der ständigen Bedrohung durch die Türken unter großem Aufwand die Anlage umbauen. Zu dieser Zeit erhielt die Festung ihre heutige Gestalt.
Heute kann man die Burganlage mit ihrem Burg-, Waffen- und Hexenmuseum sowie eine Greifvogelvorführung besichtigen. Durchaus etwas anstrengend ist der Fußweg auf die Riegersburg. Beginnend im Ort führt der Weg entlang der Befestigungsmauern, durch die zahlreichen Burgtore über ein Hochplateau, auf dem 1959 das Grenzlanddenkmal errichtet wurde, und durch Weingärten zur Burg. Bequemer geht es über den Schrägaufzug an der Nordseite.

„sehr sehenswert". Auf einem hohen Vulkanfelsen thront die Burg über dem **Oststeirischen Hügelland**. Eine Besichtigung der Burg, der Museen und der Greifvogelvorführung ist ein absolutes Muss. Damit der kulinarische Teil nicht zu kurz kommt, gibt es auf der Terrasse der Burgtaverne regionale Köstlichkeiten und hauseigenen Burgwein. Doch auch der heutige Tag geht zu Ende und so müssen wir uns sputen, um noch vor Sonnenuntergang nach **Bad Waltersdorf** zurückzukehren.

Hartberg

LAND & LEUTE

Steirisches Hügelland

Das Steirische Hügelland liegt im südlichen und östlichen Teil der Steiermark. Die Vielfältigkeit dieser Landschaft und die zahlreichen touristischen und kulturellen Möglichkeiten sind v. a. für uns Motorradfahrer besonders reizvoll. Die facettenreiche wellige Landschaft ist geprägt von der Landwirtschaft, wie dem Anbau von Getreide, Mais und Kürbissen. Aber auch der Wein- und Obstbau spielen eine wichtige Rolle. Touristisch hat das Hügelland einiges zu bieten, Thermen und Freibäder sorgen für Erholung und Entspannung, Schlösser, Burgen und Altstädte für kulturelle Abwechslung.

Hartberg

Die Bezirkshauptstadt Hartberg (359 m, 6.500 Einwohner) liegt am Übergang vom steirischen Joglland (› Tour 8) in das Oststeirische Hügelland. Die im Jahre 1122 am Fuße des Ringkogels gegründete Stadt blickt auf eine bewegte Geschichte zurück, wie man sich selbst in der Altstadt von Hartberg sowie im Museum Hartberg überzeugen kann. Daneben gehören die Stadtpfarrkirche, der Hartberger Karner sowie der Hauptplatz zu den Sehenswürdigkeiten der Stadt. Hartberg ist spürbar lebendig, zahlreiche Cafés, Bars und Restaurants bieten Unterhaltung für Jung und Alt.

Bad Radkersburg

Direkt an der Grenze zu Slowenien sowie am größten Fluss der Steiermark, der Mur, liegt die im Jahre 1182 erstmals urkundlich erwähnte Stadt Bad

Radkersburg (209 m, 3.100 Einwohner). Diese Lage machte damals die Stadt zu einem wichtigen Handelszentrum der Region. Heute kennt man Bad Radkersburg v. a. als erholsamen Kur- und Thermenort. Sehenswert sind neben der Stadtpfarrkirche und dem Rathausturm die Frauenkirche, die Mariensäule und das Museum im alten Zeughaus.

Spezialität

Steirisches Kürbiskernöl, das „grüne Gold", wie es in der Steiermark genannt wird, ist ein Markenzeichen der heimischen Gastronomie. Das dunkelgrüne, dickflüssige, nussig duftende und intensiv schmeckende Naturprodukt wird v. a. als Geschmacksträger für verschiedenste Salate sowie für die kalte Küche verwendet. Aber auch zum Verfeinern von Suppen, Hauptspeisen und Desserts findet das Steirische Kürbiskernöl seine Verwendung.

Hergestellt wird das Öl aus dem Steirischen Ölkürbis. Nach maschineller bzw. händischer Ernte der bis zu 1.000 Samen pro Kürbis werden diese gewaschen, getrocknet und zu Mehl gemahlen. Danach werden sie mit Wasser und Salz angerührt und geröstet, bis das Wasser verdunstet. Aus dem entstandenen Brei wird nun das Öl gepresst. Um einen Liter Öl zu gewinnen, benötigt man ca. 2,5–3 kg Kerne, das entspricht 30–35 Kürbissen. Neben dem hervorragenden Geschmack wirkt sich das Kürbiskernöl auch sehr positiv auf die Gesundheit aus, v. a. auf Prostata und Reizblase.

Bulldogwirt in Hof bei Straden

Blick auf die Riegersburg entlang der B66

INFORMATION

Tourismusbüro Bad Waltersdorf
Hauptplatz 90
8271 Bad Waltersdorf
Tel.: +43 (0)3333/3150-0
www.badwaltersdorf.com

Tourismusbüro Stubenberg
8223 Stubenberg am See 5
Tel.: +43 (0)3176/8882
www.apfelland.info

Tourismus Bad Gleichenberg
Obere Brunnenstraße 1
8344 Bad Gleichenberg
Tel.: +43 (0)3159/2203
www.bad-gleichenberg.at

Tourismusverband Bad Radkersburg
Hauptplatz 14
8490 Bad Radkersburg
Tel.: +43 (0)3476/2545-0
www.badradkersburg.at

Tourismusverband Riegersburg
8333 Riegersburg 26
Tel.: +43 (0)3153/8670
www.riegersburg.com

Unterkunft

Hotel Panoramahof Ziegler
Am Sonntagsberg 93
8271 Bad Waltersdorf
Tel.: +43 (0)3333/2480
www.panoramahof.at

Hotel-Gasthof-Restaurant Teuschler-Mogg
Leitersdorfberg 58
8271 Bad Waltersdorf
Tel.: +43 (0)3333/2290
www.teuschler-mogg.at

Hotel Michlhof
Zeil 45
8223 Stubenberg a. S.
Tel.: +43 (0)3176/8897
www.michlhof.at

Landgasthof Michlwirt
Altneudörfl 142
8490 Bad Radkersburg
Tel.: +43 (0)3476/21230
www.michlwirt.at

Camping

Thermenland Camping Bad Waltersdorf
Campingweg 316
8271 Bad Waltersdorf
Tel.: +43 (0)3333/41424
www.camping-bad-waltersdorf.at

Camping Steinmann Stubenberg am See
Buchberg 85
8223 Stubenberg a. S.
Tel.: +43 (0)3176/8390
www.camping-stubenberg.at

Camping im Thermenland
Bairisch Kölldorf 240
8344 Bairisch Kölldorf
Tel.: +43 (0)3159/3941
www.bairisch-koelldorf.at

Camping Parktherme Bad Radkersburg
Thermenstraße 30
8490 Bad Radkersburg
Tel.: +43 (0)3476/2677-556
www.parktherme.at

Thermen

Parktherme Bad Radkersburg
Alfred-Merlini-Allee 7
8490 Bad Radkersburg
Tel.: +43 (0)3476/26770
www.parktherme.at

Das Kurhaus Bad Gleichenberg
Untere Brunnenstr. 40
8344 Bad Gleichenberg
Tel.: +43 (0)3159/22944001
www.daskurhaus.at

GRAZ
DIE LANDESHAUPTSTADT

TIPP: Ein Abstecher nach Graz lohnt sich! Parkplätze sind zwar rar in der Innenstadt, für uns Motorradfahrer gibt es aber immer ein Plätzchen. Erkunden lässt sich die Stadt am besten zu Fuß. Stadtpläne gibt es z. B. in der Graz Tourismus Information in der Herrengasse.

Graz (353 m) ist die Landeshauptstadt der Steiermark und somit das wirtschaftliche, industrielle sowie kulturelle Zentrum des Landes. Mit rund 270.000 Einwohnern ist Graz nach Wien die zweitgrößte Stadt Österreichs. Geteilt durch den größten Fluss der Steiermark, die **Mur**, liegt die Stadt eingebettet im **Grazer Becken**. An drei Seiten von Bergen umschlossen, öffnet sich das Stadtgebiet nach Süden hin. Markantestes Merkmal ist der 473 m hohe Schlossberg im Zentrum der Stadt. Hier befindet sich das Wahrzeichen der Stadt, der **Grazer Uhrturm**. Neben dem vielfältigen kulturellen Angebot hat sich Europas Kulturhauptstadt 2003 zu einer wichtigen Universitätsstadt entwickelt.

Graz kann auf eine bewegte Geschichte zurückblicken. Um 800 n. Chr. wurden die ersten Siedlungen um den heutigen Schlossberg erbaut. Urkundlich erwähnt wurde Graz erstmals im Jahre 1115 und erhielt 1189 die Stadtrechte. Zahlreiche Herrscher, Kriege und Belagerungen prägten die Geschichte und die historischen Bauten der Stadt im Laufe der Zeit. Eine Vielzahl an Sehenswürdigkeiten begleiten den Besucher heute durch die seit 1999 zur Liste des UNESCO-Weltkulturerbes gehörende Altstadt.

Schlossberg & Uhrturm

Jahrhundertelang diente die Festung am Grazer Schlossberg als Verteidigungsanlage. Im Jahre 1809, nach erfolgreicher Verteidigung gegen Napoleons Truppen, ließ dieser nach dem Friedensschluss die Festung sprengen. Übrig blieben nur, nach Zahlung hoher Summen durch die Grazer, der achteckige Glockenturm und das heutige Wahrzeichen von Graz, der Uhrturm. Heute ist der Schlossberg beliebtes Fotomotiv. Grandios ist der Ausblick über die Stadt. Aufstiegsmöglichkeiten gibt es zu Fuß über 260 Stufen oder bequemer mit der Schlossbergbahn oder dem Lift.

Hauptplatz

Historische Bauten umgeben den Hauptplatz von Graz. Die bedeutsamsten davon sind das im 13. Jahrhundert erbaute Luegg Haus mit der prächtigen Stuckfassade aus dem 17. Jahrhundert sowie das seit 1893 in dieser Form bestehende Rathaus. In der Mitte des Platzes befindet sich ein Brunnendenkmal zu Ehren von Erzherzog Johann. Wie in früheren Zeiten wird der Platz auch heute noch als Marktplatz genutzt.

Herrengasse

Als Verbindung zwischen Hauptplatz und dem Jakominiplatz ist die Herrengasse sicherlich die meistbesuchte Einkaufsstraße der Innenstadt. Zahlreiche sehenswerte Bauten erzählen beim Schlendern durch die Fußgängerzone die Geschichte von Graz. Sehr sehenswert sind das Landhaus, das Landzeughaus sowie die Stadtpfarrkirche *Zum Heiligen Blut*.

Das Landzeughaus war früher die Waffenkammer der Steiermark. Heute befindet sich hier ein Museum mit der weltgrößten Waffensammlung (ca. 32.000 Exponate, 15.–18. Jahrhundert, u. a. auch aus der Zeit des Dreißigjährigen Krieges).

Glockenspielplatz

Am kleinen, aber bezaubernden Glockenspielplatz, zu dem man durch die engen Gassen der Innenstadt gelangt, gibt es eine besondere Attraktion: Täglich um 11, 15 und 18 Uhr erklingen in einem Turm 24 Glocken, die steirische Lieder zum Besten geben. Dazu drehen sich im Giebel des Hauses zwei Figuren, das *Tanzende Steirerpaar.*

Grazer Dom

Der Grazer Dom wird erstmals 1147 urkundlich erwähnt. Die jetzige Form erhielt die Kirche, die dem hl. Ägidius geweiht ist, im Jahre 1438. Ab 1577 diente die Kirche den Jesuiten als Ordenskirche. Seit 1786 ist sie Kathedrale und Bischofskirche der Diözese Graz-Seckau. Vom schlichten Äußeren sollte man sich nicht beirren lassen, denn im Inneren befinden sich zahlreiche bedeutende historische und kirchengeschichtliche Schätze.
Besonders beeindruckend ist das an der südlichen Außenwand angebrachte *Gottesplagenbild* von Thomas von Villach. Es zeigt die Stadt, wie sie zugleich von den Türken, den Heuschrecken und der Pest heimgesucht wird.

Kunsthaus

Das mit Sicherheit außergewöhnlichste Gebilde in der Landeshauptstadt ist das Grazer Kunsthaus. Anlässlich von „Europas Kulturhauptstadt des Jahres 2003" wurde es von den beiden britischen Architekten Peter Cook und Colin Fournier erbaut. *Friendly Alien* wird es von den Einheimischen wegen der ungewöhnlichen runden Bauform, der blauen Acrylglasfassade sowie der wechselnden Lichtspiele genannt. Zeitgenössische Kunst aller Sparten kann hier bewundert werden.

Schloss Eggenberg

Das Schloss Eggenberg sowie der dazugehörige Schlosspark am Stadtrand von Graz sind eine besonders beliebte Sehenswürdigkeit. Die seit 2010 zum UNESCO-Welterbe zählende barocke Schlossanlage gilt als die schönste und bedeutendste in der Steiermark. Trotz zahlreicher Umbauten in den letzten Jahrhunderten behielt das Schloss seine ursprüngliche Form und Optik. Diese verdankt es Hans Ulrich von Eggenberg, der den Ausbau der bestehenden Anlage zum Schloss 1625 in Auftrag gab. Der Fürst ließ eine außergewöhnliche Zahlensymbolik in die Geometrie der Anlage einfließen: Die vier Ecktürme sind nach den Himmelsrichtungen ausgerichtet. Insgesamt 365 Außenfenster besitzt das Schloss, Symbol für die Anzahl der Tage im Jahr. Im zweiten Stock befinden sich 52 Fenster für die Wochenanzahl sowie in jedem Stockwerk 31 Räume für die maximale Anzahl der Tage eines Monats. In der zweiten Etage wurden ringförmig 24 Prunkräume errichtet, dies soll die Stundenanzahl eines Tages symbolisieren.
Heute können hier zahlreiche Ausstellungen und Veranstaltungen besucht werden. Auch ein Spaziergang durch den Schlosspark lohnt sich.

Weitere Sehenswürdigkeiten

➤ Grazer Burg, ➤ Mausoleum, ➤ schwimmende Murinsel, ➤ Freiheitsplatz, ➤ Opernhaus

INFORMATION

Graz Tourismus Information
Herrengasse 16/Messeplatz 1
8010 Graz

Tel. +43 (0)316/80750
www.graztourismus.at
www.graz.at

TOUR 8

KURVEN-RAUSCH IM JOGLLAND

TOURINFO

Länge:	241 km	Fahrspaß:	+++
Fahrzeit:	4,5–5 h	Natur:	++
Schwierigkeit:	mittel	Kultur:	+

Route

Birkfeld ➤ 7 km ➤ **Miesenbach** ➤ 13 km ➤ **Vorau** ➤ 18 km ➤ **Festenburg** ➤ 20 km ➤ **Hochwechsel** ➤ 16 km ➤ **Waldbach** ➤ 17 km ➤ **Ratten** ➤ 19 km ➤ **Stuhleck** ➤ 17 km ➤ **Semmering** ➤ 5 km ➤ **Maria Schutz** ➤ 20 km ➤ **Kirchberg a. W.** ➤ 14 km ➤ **Aspang** ➤ 9 km ➤ **Mönichkirchen** ➤ 35 km ➤ **Hartberg** ➤ 14 km ➤ **Pöllau** ➤ 17 km ➤ **Birkfeld**

Pässe & Bergstraßen

Schloffereck (943 m), Hochwechsel (1.743 m), Pfaffensattel (1.372 m), Stuhleck (1.782 m), Wechselpass (980 m)

GPS-Koordinaten

Aussichtspunkt am Schloffereck	N 47° 22.002	E 15° 47.189
Schloss Festenburg	N 47° 27.845	E 15° 54.935
Kapelle am Hochwechsel	N 47° 31.803	E 15° 54.842
Waldbacher Wasserspiele	N 47° 27.022	E 15° 49.970
Stuhleck, Schutzhütte	N 47° 34.460	E 15° 47.411
Schloss Pöllau	N 47° 18.117	E 15° 50.027

Ausgangspunkt für diese Tour und für Tour 9 ist Birkfeld, das Zentrum des steirischen Jogllandes. Hier und im Steirischen Hügelland gibt es zwar keine Zwei- oder Dreitausender zu erklimmen, die abwechslungsreiche Landschaft, traumhafte Panoramen und fantastische Motorradstrecken versprechen aber einzigartige Erlebnisse und Eindrücke.

Heute wurden wir etwas unsanft aus dem Schlaf gerissen. Ein lauter Knall, ein zweiter, ein dritter – und das um 6 Uhr in der Früh. Das sog. Hochzeitsschießen hat Tradition in dieser Region. Dabei wird (nicht nur) das Brautpaar am Tag der Vermählung mit lauten Schüssen geweckt. **Birkfeld** (➤ Tour 9) ist das Zentrum im **Joglland** und Drehscheibe für uns Motorradfahrer. Egal, welche der sechs Straßen, die aus Birkfeld führen, man wählt, es verbirgt sich immer eine traumhafte Motorradstrecke dahinter.

Heute geht es Richtung Miesenbach und Vorau. Die 7 km lange Strecke durch den **Miesenbach Graben** ist berühmt und berüchtigt, leider wird sie von den Einheimischen oft mit einer Rennstrecke verwechselt. Wenn man den Miesenbach Graben das erste Mal in Angriff nimmt, sollte man nicht zu viel frühstücken. Denn es kann einem in diesem Kurvenkarussell, wenn man

nicht mehr weiß, wo vorne und hinten ist, schon mal übel werden. Der perfekte Start also für diese Tour.

Circa zwei Kilometer hinter **Miesenbach** machen wir auf dem **Schloffereck** (943 m) unseren ersten Fotostopp. Von hier aus hat man ein grandioses Panorama über das **Pöllauer Tal**. Weiter geht es auf der L405 mal rauf, mal runter, durch tolle Kurvenkombinationen und durch grüne Mischwälder, vorbei am **Augustiner-Chorherrenstift** in **Vorau** Richtung Mönichwald. Kurz vor **Mönichwald** machen wir unseren ersten Abstecher auf das malerisch gelegene **Schloss Festenburg.**

Nach einer raschen Besichtigung gönnen wir uns eine Pause in der Burgtaverne. Abstecher Nummer zwei führt uns von Mönichwald aus auf den **Hochwechsel.** Die Mautgebühr von 4,50 € und die kurze Schotterpiste am letzten Teil der Auffahrt sollte man

Festenburg, Innenhof

Am Stuhleck

in Kauf nehmen. Der 360-Grad-Blick ist wahrlich traumhaft. Der Hochwechsel (1.743 m) ist der höchste Berg im Wechselgebiet zwischen Steiermark und Niederösterreich und bildet die Grenze zwischen den beiden Bundesländern. Eine Kapelle erinnert an jene gefallenen Soldaten, die 1945 hier ihr Leben ließen.

Auf der Rückfahrt halten wir uns am Ende der Schotterpiste rechts und gelangen so zu den **Waldbacher Wasserspielen**. Der liebevoll angelegte Alpengarten mit aus Holz geschnitzten Häusern, Wasserrädern, Seilbahnen und anderen Kunstwerken, die teilweise mit Wasser betrieben werden, begeistern Jung und Alt. Ein paar Kurven später sind wir in **St. Jakob im Walde**, einem kleinen Skigebiet. Durch die saftig grüne Almenlandschaft mit herrlichen Ausblicken führt uns das Kurvengeschlängel weiter nach **Ratten**. Wir folgen dem Fluss Feistritz bis nach **Rettenegg,** wo wir links auf den **Pfaffensattel** abbiegen.

Abstecher Nummer drei führt uns vom höchsten Punkt des Pfaffensattels (1.372 m) über eine mautpflichtige, gut zu befahrende Schotterpiste auf das **Stuhleck** (1.782 m). Die 3 € Mautgebühr sind in der Schutzhütte am Gipfel zu entrichten. Der atemberaubende Rundumblick bietet Gelegenheit für tolle Fotoaufnahmen. Die Überfahrt des Pfaffensattels ist zwar nett, doch würde die Straße schon längst eine neue Asphaltdecke vertragen. Mit lang gezogenen Kurven, teilweise zweispurig, geht es über den Skiweltcuport **Semmering** zu einer der schönsten Wallfahrtskirchen Niederösterreichs,

Waldbacher Wasserspiele

Pöllauer Tal

nach **Maria Schutz**. Die 1728 erbaute Wallfahrtskirche mit ihrem prunkvollen Hochaltar zieht jedes Jahr zahlreiche Pilger an.
In **Gloggnitz** biegen wir ab in Richtung Kirchberg am Wechsel. Die Straße ist breit und kurvig, es geht bergauf vorbei am **Schloss Wartenstein** und gleich wieder hinunter. In **Kirchberg a. W.** angekommen, biegen wir rechts in Richtung St. Corona am Wechsel ab. Die Straße wird schmäler und noch kurviger, es geht hinauf auf 844 m. Vorbei am kleinen Skiort **St. Corona a. W.** führt uns die schmale Straße durch einen angenehm kühlen Mischwald hinab nach **Aspang**. Am Ortsende folgt schon die nächste Steigung. Fünf Kehren und einige lang gezogene Kurven später erreichen wir **Mönichkirchen** sowie die **Wechselpasshöhe** (980 m).
Die Abfahrt auf der B54 in Richtung **Friedberg** beschert uns noch einmal grandiose Blicke über das Steirische Hügelland. Unseren letzten Stopp des Tages machen wir in **Pöllau** (425 m, 6.050 Einwohner). Die Marktgemeinde, eingebettet im Pöllauer Tal, wurde erstmals 1163 urkundlich erwähnt und beeindruckt mit einem besonderen Bauwerk: Der **„Steirische Petersdom“**, wie die 1701 erbaute Stifts- und Pfarrkirche genannt wird, zieht unsere Blicke auf sich. Der Grundriss der Kirche wurde dem Petersdom in Rom nachempfunden, auch die Kuppel erinnert an ihn. Das angrenzende ehemalige Augustiner Chorherrenstift und heutige Schloss mit Schlosspark machen Pöllau zu einem besonderen Erlebnis. Wir tuckern gemütlich, voll bepackt mit tollen Eindrücken des heutigen Tages zurück nach **Birkfeld**.

LAND & LEUTE

Joglland

Im Norden der Oststeiermark befindet sich das größte geschlossene Waldgebiet der Steiermark, das Joglland. Zwischen Fischbacher Alpen, Hochwechsel und Masenberg sind Erholung und Entspannung garantiert. Abseits vom Massentourismus stehen hier Natur, Kulinarik und Gastfreundlichkeit im Vordergrund. Die Landschaft im Joglland ist geprägt von Wäldern, Wiesen, Weiden und rauschenden Bächen. Stress ist hier ein Fremdwort.

Stift Vorau

Eine besondere Sehenswürdigkeit im Joglland ist in der Marktgemeinde Vorau (660 m, 4.800 Einwohner) beheimatet: Das im Jahre 1163 von Markgraf Ottokar III. von Traungau gegründete Augustiner-Chorherrenstift beeindruckt neben der 1660–1662 errichteten Stiftskirche im barocken Stil mit einer sehenswerten Stiftsbibliothek. Neben dem Kloster kann das 1979 gegründete bäuerliche Freilichtmuseum besichtigt werden.

Brauchtum

Tradition und Brauchtum haben in der Steiermark nach wie vor große Bedeutung. Besonders am Land ist man stolz auf seine Wurzeln, Traditionen, bäuerliche Herkunft, Dialekt, Musik und Bräuche. In verschiedensten Vereinen wie in der Landjugend, in Tanz- und Gesangsgruppen oder in Musikvereinen wird diese Brauchtumspflege auch heute noch gelebt und an Jüngere weitergegeben. „Den" steirischen Brauch in wenigen Sätzen zu erklären ist fast unmöglich. Zu facettenreich und unterschiedlich erscheint er von Region zu Region. Eines bleibt aber überall gleich: Die steirische Tracht wie das Dirndl, der Altsteirer Anzug oder die Lederhose sind Ausdruck der steirischen Identität. Wobei es auch hier je nach Region verschiedenste Ausführungen und Farben gibt.
Beliebte steirische Bräuche: Palmtragen, Weihfeuertragen, Osterfeuer, Ratschen, Maibaumaufstellen und Maitanz, Walpurgisnacht, Hochzeitsschießen, Almabtrieb, Narzissenfest, Perchtenlauf, Nikolaus- und Krampusumzüge, die Pudlmutter, Sonnwendfeuer, Erntedankfest, Bauernsilvester u. v. m.

INFORMATION

Tourismusverband Joglland – Waldheimat
Kirchenviertel 24
8255 St. Jakob im Walde
Tel.: +43 (0)3336/20255
www.joglland-waldheimat.at

Tourismus Hartberg
Alleegasse 6
8230 Hartberg
Tel.: +43 (0)3332/603300
www.stadt-der-sinne.at

Tourismusverband Naturpark Pöllauer Tal
Schloss 1
8225 Pöllau
Tel.: +43 (0)3335/4210
www.naturpark-poellauertal.at

Tourismusverband Bucklige Welt
Ransdorf 20
2813 Lichtenegg
Tel.: +43 (0)2643/701019
www.buckligewelt.at

Unterkunft

Birkfelderhof
Edelseestraße 43
8190 Birkfeld
Tel.: +43 (0)3174/4562
www.birkfelderhof.at

Landhotel Mönichwalderhof
8252 Mönichwald 10
Tel.: +43 (0)3336/4481
www.moenichwalderhof.at

Gasthof Kutscherwirt
Klosterberggasse 6
8250 Vorau
Tel.: +43 (0)3337/2211
www.kutscherwirt.at

Gasthof Bergler Stub'n
Pittermann 36
8254 Wenigzell
Tel.: +43 (0)3336/2639
www.bergler-stubn.at

Gasthaus Buchtelbar
Pittermann 99
8254 Wenigzell
Tel.: +43 (0)3336/2223
www.buchtelbar.at

Hotel Schreiners Berghof
Ring 3
8230 Hartberg
Tel.: +43 (0)3332/62305
www.schreiners-berghof.at

Gasthof Hotel Pack Zur Lebing Au
Josef-Hallamayr-Straße 30
8230 Hartberg
Tel.: +43 (0)3332/62470-0
www.gasthof-pack.at

Camping

Campingplatz Hartberg
Augasse 35
8230 Hartberg
Tel.: +43 (0)3332/603603
www.hartberg.at

Camping Steinmann Stubenberg am See
Buchberg 85
8223 Stubenberg am See
Tel.: +43 (0)3176/8390
www.camping-stubenberg.at

TOUR 9

STRESSFREI IM ALMENLAND

TOURINFO

Länge:	**270 km**	**Fahrspaß:**	**+++**
Fahrzeit:	**5–5,5 h**	**Natur:**	**++**
Schwierigkeit:	**mittel**	**Kultur:**	**+**

Route

Birkfeld ➤ 20 km ➤ **Heilbrunn** ➤ 20 km ➤ **Weiz** ➤ 32 km ➤ **Semriach** ➤ 25 km ➤ **Frohnleiten** ➤ 30 km ➤ **Teichalm/Sommeralm** ➤ 18 km ➤ **Gasen** ➤ 12 km ➤ **Birkfeld** ➤ 13 km ➤ **Fischbach** ➤ 27 km ➤ **St. Marein i. M.** ➤ 13 km ➤ **Turnau** ➤ 15 km ➤ **Veitsch** ➤ 10 km ➤ **Krieglach** ➤ 10 km ➤ **Alpl** ➤ 25 km ➤ **Birkfeld**

Pässe & Bergstraßen

Brandlucke (1.102 m), Gollersattel (789 m), Rechberg (929 m), Teichalm/Sommeralm (1.445 m), Schanzsattel (1.171 m), Pogusch (1.059 m), Pretalsattel (1.069 m), Alpl (1.081 m)

GPS-Koordinaten

Taborkirche Weiz	N 47° 13.016	E 15° 37.293
Lurgrotte Semriach	N 47° 13.632	E 15° 22.910
Freilichtmuseum Stübing	N 47° 9.425	E 15° 18.933
Teichalmsee	N 47° 20.987	E 15° 27.655
Pilgerkreuz in Veitsch	N 47° 34.995	E 15° 29.440
Peter Roseggers Waldschule in Alpl	N 47° 30.137	E 15° 38.015

Auf unserer zweiten Tour im steirischen Joglland erwartet uns wieder ein Kurvenspektakel der Extraklasse.

Heute nehmen wir von **Birkfeld** aus als Erstes die B72 Richtung Anger in Angriff. Wer jetzt denkt, dass wir Birkfeld erst wieder am Abend sehen werden, irrt, denn dieser idyllische Ort im **Joglland** wird während dieser Tour noch einmal Drehscheibe für uns sein. Die ersten paar Kilometer lassen schon vermuten, wie grandios dieser Tag werden wird. Trotzdem zügeln wir erst einmal den Gasgriff, denn in einigen schattigen Passagen kann es in der Früh noch sehr feucht sein. Kurz vor **Anger** biegen wir rechts auf die L353 Richtung **Teichalm/Sommeralm** ab. Ein 12 km langes, sehr kurvenreiches Asphaltband führt uns in den auf 1.032 m gelegenen Wallfahrtsort **Heilbrunn**. Zwei wundersame Heilungen im 17. Jahrhundert und zahlreiche Gebetserhörungen ließen an einer Quelle mitten im Wald diesen verträumten Wallfahrtsort entstehen.
70 Höhenmeter später, auf der **Brandlucke,** hat man einen tollen Blick auf die Sommeralm, die wir später noch unter die Räder nehmen werden. Wir biegen links ab und folgen der ständig bergab führenden Straße in Rich-

tung Weiz. Ein besonders anspruchsvoller Streckenabschnitt führt durch die **Weizklamm**. Entlang einiger Straßenengstellen, flankiert von senkrechten Felswänden, folgen wir der Fließrichtung des eiskalten Weizbachs.

In der Stadt **Weiz** (11.300 Einwohner) gönnen wir uns in einem netten Gastgarten eine kurze Pause. Vorbei an der im Jahre 1188 erbauten **Taborkirche** verlassen wir die Bezirkshauptstadt dann in Richtung **Guttenberg**. Über den unscheinbaren **Gollersattel** (789 m) sowie durch die wunderschöne, aber sehr einsame **Raabklamm** erreichen wir – bei eindrucksvollen Ausblicken auf den 1.445 m hohen Schöckl und das Grazer Oberland – **Semriach**. Hier befindet sich die **Lurgrotte**, die größte aktive Wasserhöhle Österreichs. Die 5 km lange Höhle zwischen Semriach und Peggau kann von beiden Seiten aus ca. 2 km weit besichtigt werden. Die im Jahre 1894 entdeckte Höhle beherbergt den größten frei hängenden Tropfstein der Welt.

Blick auf Weiz

Sommeralm

Nur ein paar Kilometer weiter, in **Stübing**, kann man das größte **Freilichtmuseum** Österreichs besichtigen. Hier wird dem Besucher die bäuerliche Geschichte Österreichs mit originalen historischen Gebäuden auf einem 60 ha großen Gelände nähergebracht. Das Museum ist sehenswert, nimmt aber viel Zeit in Anspruch –

Teichalmsee

das sollte man, wenn man die ganze Tour an einem Tag fahren möchte, berücksichtigen.

Über den anspruchsvollen **Rechberg** (929 m), der uns zahlreiche Schräglagen beschert, kommen wir zurück ins **Almenland**. Der Rechberg hat eine lange Motorsporttradition. Jedes Jahr strömen über 30.000 begeisterte Zuseher an die B64, um die **Rechberg-Rennen** zu verfolgen.

Der 1.195 m hohe **Gelderkogel** führt uns auf die malerische **Teichalm**. Am **Teichalmsee** kann man wunderbar entspannen, wir legen uns am Ufer in die grüne Wiese und genießen den herrlichen Sonnenschein. Anschließend lassen wir uns in der *Latschnhütte* direkt am See mit heimischen Gerichten verköstigen. Das Almenland rund um Teichalm, Sommeralm und Brandlucke ist ein beliebtes Erholungsgebiet. Vor allem Wanderer und Radfahrer, aber auch wir Motorradfahrer genießen hier die zauberhafte Almenlandschaft und die Ausblicke übers Steirische Hügelland. Mit vollem Bauch geht es weiter. Durch Wiesen und Weiden, vorbei an zahlreichen Picknickplätzen kommen wir über die **Sommeralm** nach **Gasen**. Vorsicht! Hier können sich schon mal ein paar Kühe auf die Straße verirren oder dampfende Kuhfladen den Weg säumen. Der glasklare Gasenbach begleitet uns auf unseren Schwüngen bis nach **Birkfeld** zurück.

Nun beginnt der zweite Teil unserer heutigen Tour. Von diesen noch vor uns liegenden 110 km über Schanzsattel, Pogusch, Pretalsattel und Alpl werden v. a. Schräglagenliebhaber begeistert sein. Wir verlassen Birkfeld in Richtung Fischbacher Alpen. Mitten durch die blühenden Wiesen und grünen Mischwälder des Jogllandes führen uns die lang gezogenen Kurven in den Luftkurort **Fischbach**. Ein paar Höhenmeter später überqueren wir den 1.171 m hohen **Schanzsattel**. Mit Blicken auf das Hochschwabmassiv tauchen wir in

Almenland

das **Mürztal** ein. Kurz vor **Kindberg** biegen wir links in Richtung Allerheiligen ab und folgen der Straße bis nach **St. Marein im Mürztal**. Von hier aus führt die 12 km lange, mit perfekten Kurvenkombinationen ausgestattete L123 über den 1.059 m hohen **Pogusch**. Der entgegenkommende kleine Bach bietet eine perfekte Kulisse für diese Überfahrt.

In **Turnau** halten wir uns rechts Richtung Veitsch und überqueren den wenig beachteten, aber sehr reizvollen **Pretalsattel** (1.069 m). Achtung: Bei der Auffahrt zum Pretalsattel ändern sich einige Kurvenradien überraschend und ohne Vorwarnung. Da wird's schon mal eng. In **Veitsch**, einem ehemaligen Bergbauort angekommen, gönnen wir uns eine kurze Kaffeepause. Ein 40 m hohes **Pilgerkreuz**, das über dem Ort auf einem kleinen Hügel erbaut wurde, zieht unsere Blicke auf sich. Hier kommen sehr viele Pilger auf ihrer Reise nach Mariazell, dem bekanntesten Wallfahrtsort der Steiermark, vorbei (➤ Tour 10 & 11).

Wer noch immer nicht genug Kurven gehabt hat, kann es über das 1.081 m hohe **Alpl** noch einmal so richtig krachen lassen. Das 15 km lange schwarze Teerband bis nach **St. Kathrein am Hauenstein** ist wunderbar ausgebaut. Der griffige Belag und die abwechslungsreichen Kurvenradien laden zum etwas zügigeren Fahren ein. Das Alpl war Geburtsort und Heimat des wohl bekanntesten Dichters der Steiermark, **Peter Rosegger**. Mit tollen Erinnerungen an den heutigen Tag und leichten Schwindelgefühlen kehren wir zurück nach **Birkfeld**.

Pilgerkreuz in Veitsch

Peter Rosegger

Der Schriftsteller **Peter Rosegger** wurde am 31. Juli 1843 im steirischen Alpl geboren. Als Ältester von sieben Kindern war seine Kindheit durch Arbeiten am Bauernhof sowie unregelmäßigen Schulunterricht geprägt. In Jugendjahren begann er eine Lehre als Wanderschneider, wodurch er Land und Leute kennenlernte. Mit seinem geringen Einkommen konnte er sich seine ersten Bücher kaufen, bald begann er selbst zu schreiben. Der Durchbruch kam 1869, Erfolg und seine Bekanntheit nahmen im Laufe der Zeit zu. 1873 heiratete er Anna Pichler, Tochter eines Hutfabrikanten aus Graz. Sie verstarb nach der Geburt seines zweiten Kindes. Peter Rosegger vertiefte sich nach dem Schicksalsschlag in seine literarische Tätigkeit und konnte sich durch die zunehmend bessere finanzielle Lage seinen lang gehegten Wunsch erfüllen. Er ließ 1877 ein Wohnhaus in Krieglach errichten. 1879 heiratete Rosegger zum zweiten Mal, Anna Knaur schenkte ihm weitere drei Kinder. 1902 ließ er in Alpl die Waldschule bauen, um den Kindern seiner Heimat eine Ausbildung zu ermöglichen.

Heute sind sein Geburtshaus, die Waldschule in Alpl sowie das Wohnhaus in Krieglach Museen. Peter Rosegger veröffentlichte insgesamt über 40 Bände. Zahlreiche Auszeichnungen und Ehrungen wurden ihm zuteil. Schließlich verstarb der Schriftsteller, Journalist und Dichter am 26. Juni 1918.

LAND & LEUTE

Warum Joglland?

Der Sage nach soll sich Kaiserin Maria Theresia auf ihrer Reise durch diese Region mit den heimischen Bauern unterhalten haben. Dabei fragte sie auch nach deren Namen. Viele davon antworteten „I bin da Jogl", abstammend von Jakob. Daraufhin meinte die Kaiserin: „Das ist ja das reinste Joglland."

Blick über das Joglland

Weiz

Die größte Stadt in der Oststeiermark ist Weiz (477 m, 11.300 Einwohner). Weiz wurde im letzten Jahrhundert zu einem wichtigen Wirtschafts- und Industriestandort in der Steiermark. Namhafte Unternehmen wie Andritz Hydro, Siemens und Magna Steyr sind hier ansässig. Das älteste erhaltene Bauwerk, die Taborkirche aus dem Jahr 1188, die Marienkirche am Weizberg sowie das Kunsthaus Weiz gehören zu den Sehenswürdigkeiten der Stadt.

Birkfeld

5.100 Einwohner zählt die Marktgemeinde Birkfeld (639 m), gelegen inmitten eines der größten Mischwaldgebiete Mitteleuropas. Als Zentrum im Joglland ist Birkfeld der perfekte Ausgangspunkt für uns Motorradfahrer. Sehenswürdigkeiten sind das Schloss Birkenstein und die barocke Pfarrkirche. Eine besondere Attraktion ist der Dampfbummelzug, der durch das Feistritztal zwischen Weiz und Birkfeld fährt.

Spezialität

Das kulinarische Aushängeschild der Region Almenland ist das Rindfleisch des **„ALMO" Almenland Almochsen**. Jeden Sommer weiden rund 3.000 Almochsen in Europas größtem zusammenhängenden Almweidegebiet, dem Naturpark Almenland rund um Teichalm und Sommeralm. Von Mai bis Oktober stärken sich die Ochsen auf über 800 m Seehöhe an der Vielfalt der saftig grünen Wiesen und Weiden. Die tiergerechte Haltung der Almochsen, die artgerechte, gentechnikfreie Ernährung sowie ein spezielles Reifeverfahren machen den „Almo" zu einem begehrten Rindfleisch in Österreich.

INFORMATION

Tourismusverband Almenland
Fladnitz 100
8163 Fladnitz/Teichalm
Tel.: +43 (0)3179/23000-0
www.almenland.at

Tourismusverband Weiz
Hauptplatz 18
8160 Weiz
Tel.: +43 (0)3172/2319660
www.tourismus-weiz.at

Schöcklland-Büro
Hauptstraße 10
8061 St. Radegund
Tel.: +43 (0)3132/2334
www.schoecklland.at

Tourismusverband Waldheimat-Semmering-Veitsch
Pestalozzistraße 12
8670 Krieglach
Tel.: +43 (0)3855/2404
www.waldheimat-semmering-veitsch.at

Tourismusverband Joglland – Waldheimat
Kirchenviertel 24
8255 St. Jakob im Walde
Tel.: +43 (0)3336/20255
www.joglland-waldheimat.at

Unterkunft

Traditionswirtshaus Gallbrunner
Waisenegg 78
8190 Birkfeld
Tel.: +43 (0)3174/4410
www.gallbrunner.at

Almgasthof Pension Angerwirt
Teichalm 46
8163 Fladnitz/Teichalm
Tel.: +43 (0)3179/7121

Strudlwirt
Fischbach 16
8654 Fischbach
Tel.: +43 (0)3170/209
www.strudlwirt.at

Gasthof Pension Roseggerhof
Obere Zeil 34
8671 Alpl
Tel.: +43 (0)3173/2711
www.roseggerhof.at

Camping

Camping am Bauernhof Wild
Tober 32
8163 Fladnitz/Teichalm
Tel.: +43 (0)3179/23888-0
www.almenland-camping.at

Camping Lanzmaierhof
Ungersdorf 16
8130 Frohnleiten
Tel.: +43 (0)3126/2360
www.frohnleiten.at

Europa Camping Langenwang
Siglstraße 5
8665 Langenwang
Tel.: +43 (0)3854/2950
www.campsite.at/europa.camping.langenwang

TOUR 10

RUND UM DEN HOCHSCHWAB

TOURINFO

Länge:	**250 km**	**Fahrspaß:**	**+++**
Fahrzeit:	**5 h**	**Natur:**	**++**
Schwierigkeit:	**mittel**	**Kultur:**	**++**

Route

Mariazell ➤ 6 km ➤ **Gußwerk** ➤ 36 km ➤ **Wildalpen** ➤ 16 km ➤ **Palfau** ➤ 16 km ➤ **Großreifling** ➤ 10 km ➤ **Sankt Gallen** ➤ 20 km ➤ **Admont** ➤ 24 km ➤ **Hieflau** ➤ 15 km ➤ **Eisenerz** ➤ 32 km ➤ **Leoben** ➤ 15 km ➤ **Bruck a. d. Mur** ➤ 4 km ➤ **Kapfenberg** ➤ 14 km ➤ **Thörl** ➤ 42 km ➤ **Mariazell**

Pässe & Bergstraßen

Buchauer Sattel (861 m), Präbichl (1.226 m), Seeberg (1.250 m)

GPS-Koordinaten

Basilika Mariazell	N 47° 46.367	E 15° 19.092
Wildalpen (Ort)	N 47° 39.895	E 14° 59.080
Burg Gallenstein	N 47° 41.432	E 14° 37.563
Abenteuer Erzberg	N 47° 32.394	E 14° 53.861
Burg Oberkapfenberg	N 47° 26.377	E 15° 17.646

Die malerische Stadt Mariazell in der nördlichen Obersteiermark ist der bedeutendste Wallfahrtsort Österreichs und einer der wichtigsten in Europa. Jedes Jahr pilgern mehr als eine Million Menschen aus aller Welt hierher, um in der Basilika Mariazell zu beten und diese zu besichtigen. Ein beeindruckendes Bauwerk in einer beeindruckend schönen Umgebung.

Mariazell ist der perfekte Ausgangsort für Motorradfahrer in dieser Region. Hier kann man nichts falsch machen, denn egal, welche Richtung man einschlägt, man wird von Kurven nur so überwältigt. Grund genug, gleich zwei perfekte Tagestouren für den Aufenthalt im **Mariazeller Land** zu planen (siehe auch ➤ Tour 11). Mariazell, Admont und Kapfenberg ausgenommen, die für die kulturellen Highlights sorgen, stehen heute Natur und Fahrspaß im Vordergrund. Uns erwarten schöne Landschaften, Städte und Dörfer mit bewegter Vergangenheit und v. a. Kurven, Kurven und nochmals Kurven.

Unsere Tour beginnt nach **Mariazell** gleich mit einem Highlight. Die Durchquerung des **Steirischen Salzatals** am Fuß des Hochschwabmassivs ist zwischen **Gußwerk** und **Palfau** auf 52 km der pure Hochgenuss. Dieses Teilstück entlang der Salza wird unter Motorradfahrern gerne als die **Wildalpen** bezeichnet – nach dem gleichnamigen Ort im Salzatal (500 Einwohner). Perfekte Straßenbedingungen, Sonnenschein, warme Temperaturen und wenig Verkehr, was will „Biker" mehr? Hauptsächlich Motor-

radfahrer, einige Mountainbiker sowie zahlreiche Kajaks und Raftingboote begleiten uns auf der Salza durch die „Wildalpen". Die Knieschleifer-Fraktion wird begeistert sein, denn eine Kurve jagt die nächste. Lässt man sich etwas Zeit, kann man auch diese unberührte Naturlandschaft genießen. Wir befinden uns im **Naturpark Eisenwurzen**, hier wurde im 15. und 16. Jahrhundert das am steirischen Erzberg gewonnene Erz zu hochwertigen Edelprodukten verarbeitet.

Salzatal

Nationalpark Gesäuse

Am Ende der Hochschwab-Bundesstraße B24 biegen wir links ab und kommen über **Gams** und **Mooslandl** nach **Großreifling**. Wir halten uns links Richtung St. Gallen. Irgendwie sieht es hier wieder aus wie im Salzatal, nur etwas reduzierter. Die Straße ist etwas schmaler, die Berge sind niedriger und der Bach kleiner, aber eigentlich genauso schön. Über **St. Gallen,** vorbei an der im Jahre 1278 erstmals urkundlich erwähnten **Burg Gallenstein,** kommen wir nach **Admont**. Diesen geschichtsträchtigen Ort und das **Benediktinerstift** mit der unglaublichen Stiftsbibliothek kennen wir schon von ➤ Tour 2. Wer sich keine Zeit für das Benediktinerstift Admont genommen hat, hat jetzt noch einmal die Chance.

An der Eisenstraße

Nach einer Mittagspause tauchen wir in den **Nationalpark Gesäuse** ein. Die schroffen Felsformationen lassen einen glauben, man sei im Hochgebirge, irgendwo in den Dolomiten oder den Pyrenäen, unterwegs, dabei befinden wir uns hier auf ca. 600 m Seehöhe und blicken auf die umliegenden Zweitausender. Das **Hochtor** (2.369 m) ist der höchste Berg im Nationalpark. Die atemberaubenden Felsschluchten entlang der reißenden Enns führen uns nach **Hieflau**. Immer wieder ein ganz besonderes Erlebnis, das viel zu schnell vorbei ist.

Wir biegen rechts auf die steirische Eisenstraße ab, die B115 bringt uns recht flott nach

Eisenerz, wo uns der **Erzberg** mit seinen rötlich gefärbten Stufen empfängt. Die Stadt (4.300 Einwohner) hat eine bewegte Geschichte zu erzählen, die natürlich sehr eng mit der des Erzbergs verbunden ist, wo der Eisenerzabbau lange Tradition hat. Wann der Abbau wirklich begann, kann keiner so genau sagen, seit dem 11. Jahrhundert ist er urkundlich belegt. Heute wird der Erzberg auch für touristische Zwecke genutzt. Im **Schaubergwerk** werden auf eindrucksvolle Weise Werkzeuge, Maschinen sowie Abbaumethoden vorgestellt. Ein Erlebnis der besonderen Art ist eine Fahrt über die Stufen des Erzberges mit dem Hauly, wie die riesigen Lastwagen mit einem Gewicht von 55 Tonnen und 860 PS heißen. Einmal im Jahr trifft sich die Enduro-Weltelite hier, um am härtesten Enduro-Rennen der Welt, dem **Erzbergrodeo**, teilzunehmen. Ein echtes Spektakel, bei dem über 1.500 Fahrer versuchen, den Berg zu bezwingen. Wasserratten kommen im smaragdgrünen **Leopoldsteinersee** auf ihre Kosten.

Die Sage über den Erzberg

Das Auffinden des Erzbergs ist der Sage nach einem in einer Grotte lebenden Wassermann zu verdanken, der von den Bewohnern nahe dem Leopoldsteinersee mit einem in Pech getränkten Mantel gefangen wurde. Um seine Freiheit zurückzukaufen, bot er Gold für zehn Jahre, Silber für hundert Jahre oder aber „Eisen für immer" an. Die Bewohner wählten das Eisen, woraufhin ihnen der Wassermann den Erzberg zeigte. Der Wassermann wurde freigelassen und verschwand in einer Karstquelle, die bis heute Wassermannloch genannt wird.

Unterwegs im Mariazeller Land

Der 1.226 m hohe **Präbichl** bringt uns nach **Leoben, Bruck an der Mur** und **Kapfenberg**, in drei der größten und wichtigsten Industrie- und Wirtschaftsstädte der Steiermark. Unseren letzten Stopp machen wir dann auf der sehenswerten **Burg Oberkapfenberg**. Die 1173 erstmals urkundlich erwähnte Burg thront über der Stadt Kapfenberg und ist heute ein gern besuchtes Ausflugsziel. Auf der Burgterrasse des Restaurants lassen wir unsere Seelen baumeln und genießen die tief stehende Nachmittagssonne.
Voll motiviert, mit neuer Energie, nehmen wir schließlich die letzten 55 km in Angriff. Die wunderschön zu fahrende, sehr kurvige B20 bringt uns über **Thörl** und den mit einigen Serpentinen bestückten **Seeberg** (1.250 m) zurück nach **Mariazell**. Besser könnte der Abschluss nicht sein, denn der Blick vom Seebergsattel auf das in der späten Nachmittagssonne glänzende Hochschwabmassiv (2.277 m) ist grandios.

LAND & LEUTE

Unterwegs im Mariazeller Land

So turbulent und hektisch es einem am Wochenende rund um die Basilika vorkommen mag, wenn sich die Türen der zahlreichen Wallfahrerbusse öffnen, so ruhig und teilweise einsam erlebt man die Umgebung von Mariazell beim Wandern am Berg, beim Baden am Erlaufsee oder beim Radeln entlang der Salza. Die Naturlandschaft und das vielfältige touristische Angebot, ob Sommer oder Winter, bieten Erholung, aber auch körperliche Ertüchtigung. Für uns Biker aber viel wichtiger, im Mariazeller Land ist das „geteerte Angebot“ in allen Variationen bestens ausgebaut und in allen Radien vorhanden.

Mariazell

Nur 3.950 Einwohner, aber mehr als eine Million Gäste jedes Jahr: Beeindruckende Zahlen für eine kleine Stadt in der nördlichen Obersteiermark. Aber nicht wirklich verwunderlich, denn Mariazell (868 m) ist der bedeutendste Wallfahrtsort in Österreich und weit über die Grenzen hinaus bekannt. Der Legende nach wurde der Ort am 21. Dezember 1157 gegründet, erstmalig urkundlich erwähnt wird Mariazell im Jahr 1243. Die Basilika hat eine bewegende Vergangenheit (➤ Tour 11) und heute wie damals große Bedeutung für unzählige Pilger aus aller Welt. Aber daneben hat Mariazell noch so einiges zu bieten: Skilifte, Wanderwege, Badeseen und eine traumhaft schöne Bergkulisse laden zum Verweilen ein.

Spezialität

Eine besondere Spezialität ist der original **Mariazeller Honiglebkuchen** der Lebzelterei Pirker. Seit über 300 Jahren werden hier die besonders schmackhaften Rezepturen von Generation zu Generation weitergegeben. Lange Lagerzeiten des Teigs sowie der hohe Honiganteil verleihen dem Lebkuchen seinen einmaligen Geschmack. Mit fast 60 verschiedenen Sorten und Spezialitäten kann man seinen Gaumen verwöhnen lassen. Ein Besuch in der Schaubackstube lohnt sich daher auf alle Fälle.

Kapfenberg

Kapfenberg (502 m, 23.200 Einwohner) ist die drittgrößte Stadt der Steiermark und v. a. als wichtige Industrie- (Stahlindustrie) und Sportstadt bekannt. Schon im 15. Jahrhundert entstanden hier mehrere Hammerwerke. Besonders sehenswert ist die schon von Weitem sichtbare, über der Stadt thronende Burg Oberkapfenberg. Die Burg beheimatet heute ein Restaurant sowie eine Ausstellung mittelalterlicher Waffen.

INFORMATION

Tourismusverband Mariazeller Land
Hauptplatz 13
8630 Mariazell
Tel.: +43 (0)3882/2366
www.mariazell-info.at
www.mariazell.at

Tourismusverband Wildalpen
8924 Wildalpen 91
Tel.: +43 (0)3636/341
www.wildalpen.at

Tourismusverband Nationalpark Gesäuse
Hauptstraße 35
8911 Admont
Tel.: +43 (0)3613/21160-10
www.gesaeuse.at

Infobüro Eisenerz
Dr.-Theodor-Körner-Platz 1
8790 Eisenerz
Tel.: +43 (0)3848/2511-81
www.eisenerz.at

Tourismusverband Kapfenberg
Grazer Straße 8
8605 Kapfenberg
Tel.: +43 (0)3862/26476
www.kapfenberg-tourismus.at

Unterkunft

Hotel Restaurant Goldene Krone
Grazerstraße 1
8630 Mariazell
Tel.: +43 (0)3882/2583
www.goldenekronehotel.com

Hotel Himmelreich
Wiener Neustädter Straße 1
8630 Mariazell
Tel.: +43 (0)3882/34744
www.familie-meduna.at

Hotel die Traube
Hauptstraße 3
8911 Admont
Tel.: +43 (0)3613/2440-0
www.hotel-die-traube.at

Landgasthof Buchner
Schmiedgasse 65
8911 Admont
Tel.: +43 (0)3613/2801
www.landgasthof-buchner.at

Hotel Post Karlon
Mariazeller Straße 10
8623 Aflenz
Tel.: +43 (0)3861/2203
www.hotel-post-karlon.at

Camping

Camping Wildalpen
8924 Wildalpen 91
Tel.: +43 (0)3636/342
www.camping-wildalpen.at

Camping Saggraben
8923 Palfau 4
Tel.: +43 (0)3638/271
www.camping-salza.at

Freizeitcamp Weiberlauf
Krippau 35, 8931 Großreifling
Tel.: +43 (0)3633/2451
www.camping-weiberlauf.at

Camping Raddörfl/ Gasthof Pichler
Bruckerstraße 110
8600 Oberaich
Tel.: +43 (0)3862/51418
www.gasthofpichler.at

Camping Rosskogler
Seebach 62, 8624 Aflenz Land
Tel.: +43 (0)676/7576131
www.rosskogler.org

TOUR 11

UNS ERWARTET DIE HÖLLE

TOURINFO

Länge:	**236 km**	**Fahrspaß:**	**+++**
Fahrzeit:	**4,5–5 h**	**Natur:**	**++**
Schwierigkeit:	**mittel**	**Kultur:**	**+**

Route

Mariazell > 13 km > **Wegscheid** > 25 km > **Neuberg a. d. Mürz** > 5 km > **Kapellen** > 22 km > **Reichenau/Rax** > 30 km > **Kalte Kuchl** > 18 km > **Kernhof** > 26 km > **Mariazell** > 32 km > **Puchstuben** > 23 km > **Gaming** > 10 km > **Lunz am See** > 32 km > **Mariazell**

Pässe & Bergstraßen

Niederalpl (1.221 m), Preiner Gscheid (1.070 m), Ochsattel (820 m), Kernhofer Gscheid (970 m), Wastl am Wald (1.110 m), Zellerrain (1.121 m)

GPS-Koordinaten

Münster Neuberg a. d. Mürz	N 47° 39.804	E 15° 34.735
Kalte Kuchl	N 47° 53.221	E 15° 41.035
Kameltheater Kernhof	N 47° 49.106	E 15° 32.167
Kartäuserkloster Gaming	N 47° 55.421	E 15° 4.932
Lunzer See	N 47° 51.195	E 15° 2.438

Die zweite Tour in Mariazell beschert uns ein Kurvenspektakel der ganz feinen Sorte. Die Route über 236 km teilt sich in zwei Etappen auf, die uns auch nach Niederösterreich führen. Etappe 1 führt über das Niederalpl, das Preiner Gscheid, durch das sensationelle Höllental und über den Ochsattel sowie das Kernhofer Gscheid wieder zurück nach Mariazell. Etappe 2 führt uns einmal rund um den Ötscher.

Langsam kämpfen sich die ersten wärmenden Sonnenstrahlen auf den Mariazeller Hauptplatz neben der Basilika. Die zahlreichen Votivverkaufsstände mit Andenken und Souvenirs öffnen ihre Tore. Die ersten Pilger besuchen die Basilika und die Gastronomie am Hauptplatz macht sich auf den heutigen Besucheransturm bereit.

Auch wir machen uns auf den Weg und verlassen **Mariazell** auf der B20 in Richtung Süden. In **Wegscheid** biegen wir links auf die L113 ab und nehmen das Niederalpl (1.221 m) in Angriff. Flüssige Kurvenkombinationen, griffiger Asphalt und der Blick auf die zerklüftete Nordseite der Hohen Veitsch (1.982 m) machen die Überfahrt des Niederalpl zum perfekten Einstieg in die heutige Tour.

Wir folgen der Mürz flussabwärts und biegen in **Kapellen** links ab in Richtung **Reichenau an der Rax**. Mit Blicken auf die wolkenverhangene **Raxalpe**, ei-

nem beliebten Ausflugsziel an der steirisch-niederösterreichischen Grenze, überqueren wir das 1.070 m hohe **Preiner Gscheid**. Wenig Verkehr, schnelle Kurven bei der Auffahrt, enge Kurvenvariationen bei der Abfahrt, das macht richtig Spaß.

Auf Höhe der Talstation der Rax-Seilbahn tauchen wir in das legendäre **Höllental** ein. Doch die nächsten 26 km haben mit der Hölle rein gar nichts zu tun, das ist für uns Biker wohl eher der Himmel auf Erden. Kurve um Kurve

Blick auf die Raxalpe

Basilika Mariazell

Die Basilika im Herzen von Mariazell stellt eines der größten Marienheiligtümer Europas dar und wurde durch Besuche von Papst Johannes Paul II. und Papst Benedikt XVI. geehrt.
Einer Legende nach wurde im Jahr 1157 ein Mönch Namens Magnus vom Benediktinerkloster St. Lamprecht ausgesandt, um Eisen- und Salzarbeiter in der Mariazeller Gegend zu betreuen und eine sog. „Zelle" zu gründen. Er fand aber seinen Weg durch einen Felsblock versperrt. Nun betete der Mönch zur Muttergottes. Der Fels zersprang, der Weg war frei. Am Ziel angekommen, stellte Magnus seine mitgebrachte Marienstatue aus Lindenholz auf einen Baumstumpf und baute eine Kapelle um sie herum. „Maria in der Zelle" gab dem Ort den Namen.
Immer wieder kam es zu Gebetserhörungen, sodass zahlreiche hilfesuchende Menschen Mariazell besuchten, unter ihnen auch Markgraf Heinrich von Mähren und seine Ehefrau, die von der Gicht geheilt wurden und aus Dankbarkeit um 1200 eine romanische Kirche erbauen ließen.
Dem ungarischen König Ludwig I. erschien im Traum die „Mutter Gottes Maria zu Zell", die ihm ihren Beistand zusicherte. Als er aus dem Traum erwachte, lag ein Marienbild auf seiner Brust. Aus Dank erbaute er die gotische Kirche und stiftete das Marienbild. Die Geschichte der Basilika nahm ihren Lauf. Im 17. Jahrhundert wurde die gotische Kirche barockisiert, im großen Stil erweitert und vierzig Jahre lang umgebaut. Beachtenswert ist die entstandene Westfassade mit einem gotischen Turm (90 m), flankiert von zwei barocken Türmen (60 m). Um 1700 wurde der Bau schließlich mit einer Länge von 85 m, einer Breite von 30 m und einer Chorhöhe von 19 m fürs Erste fertiggestellt. Die größte Kirche der Steiermark war entstanden.
Durch viele Hände immer weiter ausgebaut, verändert und restauriert ist die Basilika nach einer Generalsanierung (1992–2007) im jetzigen Glanz zu bewundern.

Höhepunkte:

- Gnadenkapelle mit der Gnadenstatue „Magna Mater Austriae", der Marienstatue von Magnus
- Hochaltar mit einer silbernen Weltkugel (2 m Durchmesser), entworfen von Johann Bernhard Fischer von Erlach
- Schatzkammer mit Schatzkammeraltar und Marienbild von König Ludwig I.
- 12 Seitenkapellen mit barocken Altären
- 2 Bleistatuen in Lebensgröße, König Ludwig I. links und der Markgraf Heinrich von Mähren rechts vor dem Hauptportal
- Mariensäule, auch „Pilgermadonna" genannt, spätgotische Holzstatue von 1520 auf einer 5 m hohen Marmorsäule

Kalte Kuchl

rekelt sich die Straße entlang der Schwarza durch die Felsformationen des Schneebergs und der Rax. Das ist Fahrspaß pur, Natur pur, Erlebnis pur. Am Ende der teuflischen B27 halten wir uns links.

Ein absolutes Muss ist eine Pause in der **Kalten Kuchl**. Die Gaststätte an der B21 ist jedes Wochenende Treffpunkt und Raststation für Hunderte Motorradfahrer auf dem Weg von oder nach Mariazell. Im Gastgarten genießen wir bei Sonnenschein einen hausgemachten Topfenstrudel mit Vanillesoße und lauschen dem permanenten Dröhnen der vorbeifahrenden Motorräder.

Ein Kurvenfeuerwerk über den **Ochsattel** (820 m) bringt uns nach **St. Aegid** und weiter nach **Kernhof**, wo eine besondere Attraktion beheimatet ist: Im **Kameltheater**, einem Tier- und Naturpark, werden Theaterstücke aufgeführt, in denen hauptsächlich Kamele als Darsteller fungieren. Über das **Kernhofer Gscheid** (970 m) beenden wir Etappe 1 des heutigen Tages und kehren zu unserem Ausgangspunkt Mariazell zurück.

Wir verlieren aber keine Zeit, sondern nehmen sofort Etappe 2, die Umrundung des Ötscher (1.893 m), in Angriff. Über **St. Sebastian**, vorbei an der **Bürgeralpe** (1.270 m), verlassen wir abermals Mariazell. Mit Blicken auf den Ötscher führt uns die breite B20 durch einige Kehren bergauf und wieder bergab in Richtung St. Pölten. Achtung: Ausfahrt nicht verpassen! Hinter einer schnellen, unübersichtlichen Kurve biegen wir links ab Richtung Scheibbs. Es geht steil bergauf, die Straße wird schmaler, jetzt geht es wieder so richtig zur Sache. Ein angenehm kühles, aber fahrerisch sehr anspruchsvolles Waldstück führt uns über die Passhöhe **Wastl am Wald** (1.110 m). Ja, das ist kein Scherz, sie heißt wirklich so.

Blick auf den Ötscher

Das Kurvenspektakel durch den **Naturpark Ötscher** geht weiter über **Puchstuben** nach **Neubruck**, wo wir links auf die anfangs eher langweilige B25 abbiegen. Die Langeweile nimmt in **Gaming** abrupt ihr Ende, wenn wir das ehemalige Kartäuserkloster mit seiner mächtigen, gotischen **Kirche Maria Thron** erblicken. Wir werfen den Blinker rechts raus, denn der kulturelle Aspekt wurde heute noch stark vernachlässigt. Das im Jahre 1330 gegründete Kloster beherbergte 452 Jahre lang die Kartäuser, auch „Weiße Mönche“ genannt. Heute befindet sich neben der Kirche, der Bibliothek und dem Kartäusermuseum ein Hotel in den alten Gemäuern. Ein Stopp lohnt sich!
Im Anschluss wird auch die Straße zum Glück wieder spektakulärer. Eingebettet in die Natur- und Bergwelt empfängt uns der glasklare Lunzer See. Auf 600 m Seehöhe gelegen und mit einer Tiefe von bis zu 34 m ist er auch im Hochsommer klirrend kalt – nur etwas für Hartgesottene! Doch wer eine Abkühlung nötig hat, ist hier an der richtigen Adresse. Die Marktgemeinde Lunz am See (600 m, 1.800 Einwohner) besticht nicht nur durch wunderschöne Lage und blühende Narzissenwiesen im Mai und Juni, sondern v. a. durch ihre Natürlichkeit und Gemütlichkeit. Das Amonhaus, gebaut um 1551, ist einer der schönsten Renaissancebauten in Österreich und beherbergt jetzt ein Museum und das Rathaus. Aber auch die Töpperbrücke mit Figuren aus dem Mariazeller Eisenguss ist einen Abstecher wert. Und damit die Kultur nicht zu kurz kommt, finden seit 2004 auch Seefestspiele am See statt. Zum Abschluss der heutigen Tour bringt uns die sehr abwechslungsreiche Streckenführung der B71 über das 1.121 m hohe **Zellerrain** zurück in die Steiermark. Entlang dem Ufer des **Erlaufsees** genießen wir die letzten Sonnenstrahlen des Tages.

Am Erlaufsee

LAND & LEUTE

Die Rax

Das Gebiet der Raxalpe liegt an der steirisch-niederösterreichischen Grenze und gehört zu den letzten Ausläufern der Alpen im Osten. Der höchste Punkt der Rax, die Heukuppe (2.007 m), liegt in der Steiermark. Mit der Rax-Seilbahn von Hirschwang aus ist das weiträumige Raxplateau für Wanderer und Kletterer bequem zu erreichen.

Neuberg a. d. Mürz

„Dom im Dorf" wird die gotische Hallenkirche des ehemaligen Zisterzienserstiftes in Neuberg (732 m) heute genannt. Dieses wurde 1327 von Herzog Otto dem Fröhlichen von Habsburg gegründet, endgültig fertiggestellt wurde das beindruckende Bauwerk aber erst durch Kaiser Friedrich III. im Jahr 1496. Neben dem Stift Neuberg hat der verträumte Ort an der Mürz noch die neu renovierte Kirche Maria Himmelfahrt am grünen Anger sowie zwei Museen zu bieten.

Spezialität

Die **Ybbstal Forelle** bahnt sich ihren Weg als Spezialität auf sämtliche Speisekarten der Region. In verschiedensten Variationen zubereitet, bekommt man sie fast überall in der Gegend serviert und kann sich vom guten Geschmack überzeugen lassen. Durch die Naturbelassenheit der Ybbs und v. a. durch die hervorragende, streng kontrollierte Wasserqualität ist der Fluss seit langer Zeit ein Lebensraum für Bachforellen, Regenbogenforellen und Saiblinge.

INFORMATION

Tourismusverband Mariazeller Land
Hauptplatz 13
8630 Mariazell
Tel.: +43 (0)3882/2366
www.mariazell-info.at

Tourismusbüro Reichenau an der Rax
Hauptstraße 63
2651 Reichenau/Rax
Tel.: +43 (0)2666/52865
www.reichenau.at

Tourismusbüro Lackenhof
Teichwiese 12/1
3295 Lackenhof
Tel.: +43 (0)7480/20020
www.lackenhof.at

Tourismusbüro Gaming
Im Markt 1
3292 Gaming
Tel.: +43 (0)7485/97308-12
www.gaming.at

Tourismusverein Lunz am See
Amonstraße 16
3293 Lunz am See
Tel.: +43 (0)7486/808115
www.lunz.at

Unterkunft

Hotel Grazerhof
Grazerstraße 19
8630 Mariazell
Tel.: +43 (0)3882/2263-0
www.grazerhof.mariazell.at

Gasthof Seewirt
Erlaufseestraße 80
8630 St. Sebastian
Tel.: +43 (0)3882/2430-0
www.seewirt-erlaufsee.at

Alpengasthof Kalte Kuchl
2663 Rohr im Gebirge
Tel.: +43 (0)2766/8522
www.kaltekuchl.at

Frühstückspension Seebach
Seepromenade 32
3293 Lunz am See
Tel.: +43 (0)07486/8307

Camping

Camping Erlaufsee
Erlaufseestraße 3
8630 St. Sebastian
Tel.: +43 (0)3882/4937
www.st-sebastian.at

Camping Gippelblick Kernhof
Oberkeer 1
3195 Kernhof
Tel.: +43 (0)2768/2544
www.tiscover.com/camping.sommerauer

Ötschercamping
Ötscherwiese 18
3295 Lackenhof
Tel.: +43 (0)7480/5276
www.digruber.at

Ötscherland Camping
Zellerhofstraße 23
3293 Lunz am See
Tel.: +43 (0)7486/20063
www.oetscherlandcamping.at

LUNZ AM SEE

MOTORRADWERKSTÄTTEN

Obersteiermark

Bernhard Walzer GmbH
Wiener Straße 22
8820 Neumarkt
Tel.: +43 (0)3584/40527
www.walzer.cc
➤ *KTM*

BLM Motorräder
Mühlweg 13
8642 St. Lorenzen i. M.
Tel.: +43 (0)664/1329566
www.blm.at
➤ *BMW, Ducati, KTM, Kawasaki, Malaguti, Moto Morini*

BMW Neuper
Burggasse 110
8750 Judenburg
Tel.: +43 (0)3572/85333-0
www.neuper-bike.at
➤ *BMW*

Gladik H. Zweirad
Römersiedlung 66
8850 Murau
Tel.: +43 (0)3532/2182
www.gladik.at
➤ *Yamaha*

Rimato Motorradvertriebs GmbH
Poststraße 18
8720 Spielberg
Tel.: +43 (0)3512/72662
www.rimato.at
➤ *Aprilia, Honda, Moto Guzzi, Husaberg*

Zweirad Lenz
Hauptstraße 24a
8786 Rottenmann
Tel.: +43 (0)3614/2839-0
www.2radlenz.at
➤ *Aprilia, KTM*

Zweirad Reitbauer
Stanz 68
8653 Stanz im Mürztal
Tel.: +43 (0)3865/8285
www.zweiradreitbauer.at
➤ *Honda, KTM*

Süd- & Weststeiermark

Auto & 2 Rad Posch GmbH
Ing.-Ludwig-Neumann-Straße 6
8523 Frauental
Tel.: +43 (0)3462/5277
www.autohaus-posch.at
➤ *Honda, can-am*

Motorrad Klein
Frauengasse 6
8430 Leibnitz
Tel.: +43 (0)664/5101938
www.klein.cc
➤ *Kawasaki, Suzuki, Yamaha*

Motorrad Klinik Leibnitz
Gewerbepark Süd 26
8431 Gralla
Tel.: +43 (0)3452/75377
www.motorradklinik.at
➤ *Ducati, Honda, Triumph, Malaguti, Moto Guzzi*

SMC Styrian Motor Cycle
Moos 9
8542 St. Peter i. S.
Tel.: +43 (0)664/2811373
www.smc-design.at
➤ *Indian, Victory*

Stipper GmbH
Pichling 134
8510 Stainz
Tel.: +43 (0)3463/2389
www.autohaus-stipper.at
➤ *BMW*

Graz & Umgebung

Baumschlager Zweirad
Grazer Straße 31a
8071 Hausmannstätten
Tel.: +43 (0)3135/47416
www.baumschlager.at
➤ *KTM*

Clocktower Motorrad GmbH
Kärntnerstraße 173
8053 Graz
Tel.: +43 (0)316/258173
www.hdgraz.at
➤ *Harley-Davidson, Buell*

C+S Zweirad
Kärntnerstraße 227
8053 Graz
Tel.: +43 (0)316/294370
www.cs-zweirad.at
➤ *Aprilia, Suzuki*

Euro Motors Graz
Harter Straße 70
8053 Graz
Tel.: +43 (0)316/263106
www.euromotors.cc
➤ *BMW, KTM, Kawasaki*

Motor Hütter GesmbH
Wiener Straße 249
8051 Graz
Tel.: +43 (0)316/6050-0
www.motor-huetter.at
➤ *Honda, Moto Guzzi*

Motorrad Klug GmbH
Harter Straße 94
8053 Graz
Tel.: +43 (0)316/278558
www.klug.at
➤ *Aprilia, Yamaha*

Oststeiermark

Erro Moto
Josef-Teubl-Straße 1
8295 St. Johann i. d. H.
Tel.: +43 (0)3332/65440
www.erromoto.at
➤ *Aprilia, Suzuki, Moto Guzzi*

Neffe GmbH
Grazer Straße 3, 8200 Gleisdorf
Tel.: +43 (0)3112/2313
www.neffe.at
➤ *Honda, Aprilia, Malaguti*

Zweirad Gesslbauer GmbH
Waisenegg 121
8190 Birkfeld
Tel.: +43 (0)3174/4683
www.gesslbauer.at
➤ *Yamaha, Suzuki, Triumph, MV Agusta, Kawasaki*

Südburgenland

MexMotos
Neustift 42
7540 Neustift bei Güssing
Tel.: +43 (0)3325/20080
www.mexmotos.at
➤ *Kawasaki*

Zweirad Gruber
Steinamangererstraße 9
7501 Rotenturm
Tel.: +43 (0)3352/20240
www.zweiradgruber.at
➤ *Aprilia, Yamaha*

Auto Kneisz Süd
Wiener Straße 95
7400 Oberwart
Tel.: +43 (0)3352/33610
www.auto-kneisz.at
➤ *Honda*

DIE STEIERMARK IM INTERNET

Steirische Tourismus GmbH	www.steiermark.com
Land Steiermark	www.steiermark.at
Thermenland Süd- & Oststeiermark	www.thermenland.at
Oststeiermark Tourismus	www.oststeiermark.com
Südsteiermark Tourismus	www.suedsteiermark.com
Weinland Steiermark	www.weinland-steiermark.at
Tourismusverband „Die Südsteirische Weinstraße“	www.suedsteirischeweinstrasse.at
Tourismusverband Sulmtal Sausal	www.sulmtal-sausal.at
Tourismus Kompetenz Zentrum Süd & West Steiermark	www.sws.st
Tourismusverband Südliche Weststeiermark	www.suedweststeiermark.at
Steirisches Vulkanland	www.vulkanland.at
Tourismusverband Hochsteiermark	www.hochsteiermark.at
Urlaubsregion Murtal	www.murtal.at
Tourismusverband Ausseerland-Salzkammergut	www.ausseerland.salzkammergut.at
Schladming-Dachstein Tourismusmarketing GmbH	www.schladming-dachstein.at
Stadt Graz	www.graz.at
Graz Tourismus	www.graztourismus.at
Die Schlösserstraße	www.schloesserstrasse.com
Camping Steiermark	www.camping-steiermark.at
Naturparke Steiermark	www.naturparke-steiermark.at
Nationalpark Gesäuse	www.nationalpark.co.at
Genuss Region Österreich	www.genuss-region.at
Campingplätze im Überblick	www.camping-steiermark.at/campingplaetze_de.html

Weitere Quellen

Gunnar Strunz: Reiseführer Steiermark, Trescher Verlag 2010
Gerda Rob: Reiseführer Österreich, ADAC-Reiseführer 2014
www.wikipedia.org
www.steiermark.com
www.steiermark.at
www.thermenland.at
www.weinland-steiermark.at
www.oeamtc.at
www.genuss-region.at
www.gpso.de/maps

Alle Angaben in diesem Buch wurden sorgfältig recherchiert und überprüft, trotzdem kann für die Richtigkeit keine Haftung übernommen werden. Hinweise und Informationen unserer Leserinnen und Leser nehmen wir gerne per E-Mail entgegen: fuchs.alex@gmx.at.

ISBN 978-3-7012-0204-1

styria BOOKS

Wien – Graz – Klagenfurt
© 2015 by *Styria Regional*
in der Verlagsgruppe Styria GmbH & Co KG
Alle Rechte vorbehalten.

Bücher aus der Verlagsgruppe Styria gibt es
in jeder Buchhandlung und im Online-Shop

styriabooks.at

Redaktionelle Mitarbeit: Maria Neuherz
Layout: Alfred Hoffmann
Covergestaltung: Bruno Wegscheider
Coverfoto: Alexander Fuchs
Fotos: alle Alexander Fuchs bzw. Maria Neuherz,
außer: S. 30 beide © Stift Admont; S. 45 © Wikimedia Commons/BambooBeast/gemeinfrei; 63 oben © Wikimedia Commons/Darinko/gemeinfrei; S. 63 unten © Wikimedia Commons/neoneo13/gemeinfrei; S. 82 © pavlemarjanovic/iStockphoto.com; S. 85 © Wikimedia Commons/Zeitblick/CC BY-SA 3.0; S. 89 © Wikimedia Commons/HeinzLW/CC BY-SA 3.0
Karten: Birgit Mayer/Extraplan, basierend auf © OpenStreetMap-Mitwirkende (openstreetmap.org) sowie © Land Steiermark – data.steiermark.gv.at, © Land Salzburg – www.salzburg.gv.at, © Land Oberösterreich – data.ooe.gv.at, © Land Kärnten – data.ktn.gv.at

Druck und Bindung:
Druckerei Theiss GmbH, St. Stefan im Lavanttal
7 6 5 4 3 2 1
Printed in Austria